LOS CAZADORES DEL MIEDO

JENTEZEN FRANKLIN

CASA
CREACIÓN

La mayoría de los productos de Casa Creación están disponibles a un precio con descuento en cantidades de mayoreo para promociones de ventas, ofertas especiales, levantar fondos y atender necesidades educativas. Para más información, escriba a Casa Creación, 600 Rinehart Road, Lake Mary, Florida, 32746; o llame al teléfono (407) 333-7117 en Estados Unidos.

Los cazadores del miedo por Jentezen Franklin
Publicado por Casa Creación
Una compañía de Charisma Media
600 Rinehart Road
Lake Mary, Florida 32746
www.casacreacion.com

Originally published in English under the title:
Fear Fighters © 2009 por Jentezen Franklin
Charisma House, A Charisma Media Company, Lake Mary, FL 32746
Todos los derechos reservados.

Visite la página web del autor en: www.jentezenfranklin.org

Previamente publicado en tamaño regular, ISBN 978-1-59979-564-5, copyright © 2009. Todos los derechos reservados.

Traducción: María Mercedes Pérez, Carolina Laura Graciosi y María del C. Fabbri Rojas.
Edición: María del C. Fabbri Rojas
Director de diseño: Bill Johnson
Diseño de portada: Justin Evans

Library of Congress Control Number: 2013940040
ISBN: 978-1-62136-446-7 (tamaño bolsillo)
E-book ISBN: 978-1-61638-046-5

Nota de la editorial: Aunque el autor hizo todo lo posible por proveer teléfonos y páginas de Internet correctas al momento de la publicación de este libro, ni la editorial ni el autor se responsabilizan por errores o cambios que puedan surgir luego de haberse publicado.

Impreso en los Estados Unidos de América
13 14 15 16 17 * 9 8 7 6 5 4 3 2 1

CONTENIDO

1

HACER FRENTE A SUS MIEDOS

ERA UNA TÍPICA tarde de domingo de fines de enero. Acababa de predicar esa mañana en mi iglesia en Gainesville, Georgia, y me preparaba para abordar un avión con mi esposa, dos de nuestros hijos y algunos amigos de nuestra iglesia. Estábamos volando rumbo a nuestra iglesia en California para predicar a miles de personas que asistirían a dos servicios durante esa tarde. Ese vuelo del domingo por la tarde hacia California se había vuelto una feliz rutina desde que Dios abrió la puerta para pastorear Free Chapel del condado de Orange, nuestro Campus de la Costa Occidental. Sin embargo, este domingo sería algo distinto de la rutina.

Cada mes de enero en Free Chapel, empezamos el año con un ayuno de veintiún días. Ese domingo en particular, fue especial, ya que era el último día del ayuno, lo cual significaba que ¡podíamos comer!

Recién comenzábamos a disfrutar de nuestra comida, cuando, de repente, la cabina del avión se volvió extremadamente caliente. Nos dispusimos a abrir los respiraderos y salieron nubes de humo. Lo siguiente que pasó fue que uno de los pilotos salió de la cabina de mando para instarnos a usar las mascarillas de oxígeno y prepararnos para un aterrizaje forzoso debido a la pérdida de presión.

Fue ahí cuando todos comenzaron a botar su comida. Pero yo no; esa era la primera comida que comería ¡después de veintiún días! Si este era mi último día en la tierra, ¡no me iba ir con hambre! Así que le pedí a la persona del lado que me pasara el ketchup y continué comiendo. Tenía una mano sobre la rodilla de mi esposa para calmarla, la otra con el tenedor, y mi codo sujetaba el plato para que no se cayera.

Por supuesto que estaba aterrado de tan sólo pensar que pasaba algo terriblemente malo, pero en medio de mi temor, tuve paz. Aunque era una situación terrible, yo tenía paz en mi espíritu y sabía que todo iba a estar bien. No fue hasta pasado el aterrizaje forzoso y ver que los camiones de emergencia se apresuraron al avión, que me percaté de la magnitud del asunto. Comencé a alabar al Señor por protegernos, y declaré que el enemigo había sido derrotado una vez más.

La semana siguiente, cuando nos preparábamos para abordar el avión, el temor me enfrentó. En ese momento, tenía que tomar una decisión: luchar contra el miedo y abordar o dejar que el temor se apoderara de mí y desistir de la misión que Dios me dio. Ese día, mi oración antes del despegue fue mucho más seria que en el pasado. Empecé a citar el Salmo 91 y clamar por la promesa de Dios de protegernos. Escogí luchar contra el temor que sentía, en vez de permitir que el temor se apoderara de mí. Y cada semana, sigo abordando aviones para viajar por todo el país y ministrar a miles de personas.

Aprendí una lección ese día. Cada vez que se me presenta el temor, y lo siento, tengo una opción. Mi fe puede luchar contra el temor. No tengo que sentir pánico y ponerme nervioso en situaciones aterradoras. Me mantengo concentrado en las promesas de Dios, y dejo que la fe luche contra el temor. Él me guardará en completa paz.

Vivir sin temor

Al considerar esa fenomenal paz que experimenté en lo que pudo haber sido una situación aterradora, comencé a meditar en las Escrituras que nos prometen una vida sin temor:

> Porque no nos ha dado Dios espíritu de cobardía,
> sino de poder, de amor, y de dominio propio.
> —2 Timoteo 1:7

Vencer el temor es algo que todos enfrentamos cuando emprendemos cosas nuevas, tales como conseguir un nuevo empleo, enamorarnos, crear una nueva línea de productos o comenzar un negocio. Por ejemplo, cuando consideramos dónde invertir dinero, debemos enfrentar el temor al fracaso. En resumen, no puede haber progreso en la vida sin correr riesgos. Usted no puede triunfar en la vida si cede ante el temor.

El mundo empresarial se arriesga al fracaso cada vez que lanza un nuevo "juguete" de alta tecnología; el mundo de la moda se arriesga al fracaso con cada nueva línea de vestimenta. No obstante, están dispuestos a correr enormes riesgos de millones de dólares para mejorar la mercadería y aumentar sus ventas. ¿Siempre ganan? No. Pero sin correr riesgos, no tienen posibilidad de éxito.

El mundo de los negocios corre más riesgos que el cristiano promedio. ¿Por qué? Porque tenemos que vencer nuestro temor al fracaso antes de correr un riesgo calculado. ¿Cuáles son las consecuencias de no correr riesgos? Este divertido relato le dará una idea:

> Había un hombre muy precavido
> Que jamás reía ni jamás jugaba;
> Nunca se arriesgaba, nunca lo intentaba,
> Nunca cantaba ni tampoco oraba.
> Y cuando un día falleció
> El seguro se le negó;
> Ya que en verdad nunca vivió,
> ¡Decían que él jamás murió![1]

¡Qué inutilidad! Es imposible vivir una vida sin intentar cosas nuevas, correr riesgos y posiblemente experimentar fracasos. Todos fracasamos. El índice de fracaso de la raza humana es del 100 por ciento. Todos estamos calificados para integrar el club de los fracasos. Eso no significa que uno tenga que vivir temiendo el fracaso.

Si no nos deshacemos de nuestros temores, ellos impedirán que vivamos la vida victoriosa que Dios dispuso para nosotros. Y nos lamentaremos por lo que podría haber sido, lo que habría sido o lo que debería haber sido.

Usted nunca será perfecto. Nunca será completamente exitoso. Eso no significa que no triunfará en la vida, pero debe intentarlo.

¿Teme intentarlo?

Escuché de una persona que no podía hablar inglés. Estaba aterrorizado de intentarlo pues no quería fallar. Así que encontró un profesor de inglés y le pidió que le enseñara cómo pedir una comida en un restaurante en perfecto inglés. El profesor le enseñó cómo decir cuatro palabras: *hamburger, french fries* y *Coke*.

Todos los días desde entonces, el hombre iba a ordenar su hamburguesa, papas fritas y Coca Cola. Pronto se cansó de comer lo mismo todos los días. Así que pidió al profesor que le enseñara cómo pedir otra cosa para comer. Éste le enseñó cómo decir *eggs, toast* y *juice*.

De modo que el hombre se fue contento al restaurante para ordenar huevos, tostadas y jugo. Pero cuando el mozo le preguntó: "¿Cómo quiere los huevos?", el hombre lo miró desconcertado. Luego el mozo preguntó: "¿Qué clase de tostadas desea? Y ¿quiere jugo de naranja o manzana?". El hombre miró desconcertado al mozo por un momento, y luego dijo: "Hamburger, french fries, Coke".

Muchas personas viven una vida de "hamburguesa, papas

fritas y Coca Cola" porque no están dispuestas a hacer algo de manera imperfecta o intentar hacer algo nuevo. No se deshacen de sus temores ni se arriesgan al fracaso. Su respuesta ante el riesgo es ir a lo seguro. Pero usted no puede agradar a Dios al ir a lo seguro, y no puede triunfar en la vida sin correr riesgos.

Cuando usted tiene tanto temor al fracaso que no lo intenta, no puede agradarle a Dios. Usted no puede "ir a la segura" y agradar a Dios. Yo preferiría intentar hacer algo para Dios y fallar que no intentar hacer nada. Eso conduce a la improductividad e inutiliza su propósito en la vida.

Receta para la improductividad

Había un turista que conducía a través de una hermosa granja y vio a un viejo granjero sentado en su silla mecedora en el porche. El turista se detuvo a charlar con él. Mientras se acercaba vio al hombre flaco y de barba y observó que masticaba un trozo de paja. Detrás de la vieja granja había setenta y cinco acres de tierra árida.

El turista preguntó al granjero: "¿Es su tierra?".

"Ajá", respondió él.

"Bien, ¿qué va a hacer con ella? ¿Está pensando cultivar algodón?"

"No. Temo que el gorgojo de los capullos lo ataque."

"¿Y qué del maíz?"

"No. La langosta comerá el grano", respondió el granjero, masticando todavía la paja.

"Bueno, ¿hay otra cosa que pueda hacer con la tierra? ¿Y si cría ganado?"

"Temo que podría bajar el precio de la carne."

"Entonces, ¿qué va a hacer con sus setenta y cinco acres de

excelente tierra de labranza?"

"Nada. No voy a correr riesgos, y no haré nada."

¿Alguna vez usted se ha sentido así? ¿Esperando estar a salvo y no haciendo nada? Mucha gente hace eso con el potencial de su vida. Si usted elige no arriesgar en la vida, su potencial para triunfar se vuelve un yermo estéril. Si el temor gobierna su vida, no se atreverá a dar un paso de fe para cumplir su destino en Dios. Pero la Biblia dice que sin fe es imposible agradar a Dios (Heb. 11:6). Es mejor arriesgarse a fracasar en hacer lo que Dios quiere que haga que no hacer nada.

Todos hemos experimentado el temor que nos hace querer retroceder y no correr riesgos. Pero las personas que vencen ese temor son las que triunfarán en la vida. Usted tiene que decidirse a declarar las metas para su vida frente al temor. Esto es lo que yo hago cuando estoy abrumado por el próximo desafío que la vida pone en mi camino.

PREDÍQUESE A SÍ MISMO

Cuando Dios me ha pedido que haga algo que me parece imposible, tengo que predicarme a mí mismo para derrotar al temor y la inseguridad que intentan controlarme. Cuando afronto una tarea imposible, cuando el trabajo parece demasiado grande para mí y siento que es demasiado difícil, tengo que predicarme estas tres cosas. Éstas se han convertido en mis cazadores de miedos. Lo animo a hacer estas declaraciones sobre su situación.

1. Jesús está conmigo, y Él tiene todo el poder.

Primero, me predico esta promesa: "Jesús está conmigo, y a Él se le ha dado todo el poder".

7

En una de las últimas conversaciones con sus discípulos, Él les reveló que toda potestad le había sido dada en el cielo y en la tierra. Luego, les dio esta promesa: "He aquí yo estoy con vosotros todos los días, hasta el fin del mundo" (Mt. 28.18-20).

Jesús acababa de comisionar a estos hombres para ir por todo el mundo, predicar el evangelio y hacer discípulos. Eso debe de haberles parecido imposible a hombres que nunca habían dejado su tierra natal. Jesús les estaba diciendo que hicieran algo que ni siquiera Él, el Cristo, había hecho nunca.

En realidad, el ministerio terrenal de Jesús nunca abarcó geográficamente mucho territorio. Si alguna vez ha visitado Israel, lo sabe. Usted puede viajar de pueblo en pueblo fácilmente en unas horas. Su cuartel general estaba en Capernaum, y cruzaba el Mar de Galilea, pero en realidad es sólo un lago. Usted puede cruzarlo en una hora.

Jesús nunca fue a un suelo extranjero más allá de Israel. Nunca predicó en una nación extranjera. Y, sin embargo, comisionó a sus discípulos para ir por todo el mundo. Dejó todo el trabajo de ganar el mundo para Cristo a estos pocos hombres.

Después subió al cielo en un ascensor lleno de nubes — ¡Nos vemos!— y se quedaron de pie allí con una orden de hacer lo que Él nunca hizo. Su tarea "imposible" era llenar toda la tierra con las buenas noticias del evangelio. Pero ellos también tenían esta poderosa promesa de Jesús: "Yo siempre estoy con ustedes y tengo todo el poder. Dondequiera que vayan, yo estoy allí, aun hasta el fin del mundo".

Así que, cuando usted da un paso de fe para cualquier desafío que afronta, predíquese a sí mismo: "Jesús está conmigo, ¡y Él tiene todo el poder!". Jesús quiere que usted entienda esa revelación. Él dice: "El infierno no pudo detenerme, la tumba no pudo retenerme, y los demonios no pudieron atraparme. ¡Estoy vivo!". Él lo mira a usted y le dice: "No retrocedas. No tiembles. ¡No tengas miedo! ¡No temas! ¡Yo tengo todo el poder!". Todo el poder le pertenece a Dios.

Su desafío personal no es mayor que el de los discípulos de ir por todo el mundo y hacer discípulos. Lo que sea que usted tenga que afrontar, "eso" no tiene autoridad. No tiene poder sobre su vida. Si Jesús está en su vida, Él tiene todo el poder sobre todo "eso" que usted afronta. No somos inmunes al temor, tenemos que enfrentarlo y convertirnos en un cazador del miedo.

Cuando empiezo a temblar, y me siento temeroso y abrumado, me hago a un costado y comienzo a predicarme: "Jentezen, ponte derecho. Deja de hablar todas esas cosas negativas. Jesús está contigo, ¡y todo el poder está en sus manos!".

En vez de hablar de temor, comience a declarar que el mismo Jesús que estuvo con los tres jóvenes hebreos en el horno de fuego, está con usted. Cuando Nabucodonosor miró en el horno de fuego y dijo: "¿No echaron a tres varones atados dentro del fuego?", quienes estaban a su alrededor respondieron que sí. Él dijo: "Veo a cuatro hombres sueltos..., y el aspecto del cuarto es semejante al de un hijo de los dioses" (Dn. 3:24-25).

Quisiera corregirlo: "Sr. Nabucodonosor, Él no es semejante al un hijo de los dioses; Él es el Hijo de Dios, ¡y Él está conmigo en mi horno de fuego!" ¡Él tiene todo el poder!

Así que cuando usted tenga temor de correr un riesgo, lo

primero que tiene que predicarse a sí mismo es: "¡Jesús está conmigo dondequiera que voy, y todo el poder está en sus manos!" Esa promesa se ha convertido en mi cazador del miedo número uno.

Cuando sus hijos están en crisis, ¡Jesús está con usted! Cuando afronta desafíos abrumadores en las finanzas, ¡Jesús está con usted! Cuando afronta desafíos en el ministerio, ¡Jesús está con usted! ¡Y Él tiene todo el poder!

2. Dios está en el fondo.

Lo segundo que he aprendido a predicarme a mí mismo es que no importa cuán bajo me lleven las pruebas de la vida, *Dios está ahí en el fondo*. Cuando siento que he tocado fondo y que los desafíos son demasiado grandes para superarlos, Dios está allí.

CAZADORES DEL **MIEDO**

¡Jesús está conmigo! ¡Y
Él tiene todo el poder!

Moisés habló a Israel al final de su vida acerca de cuán grande es Dios. En una especie de asamblea nacional, les dijo que no había Dios como su Dios, y que Él cabalga sobre los cielos para ayudarlos (Dt. 33:26). Él describió a un Dios que está arriba, sobre todo, en la altura, un Dios que es grande y poderoso.

¿Recuerda los tremendos milagros que Dios hizo en la

cima de los montes? Fue en el Monte Moria que Dios se encontró con Abraham e Isaac, e hizo su pacto de la sangre del cordero. En el Monte Horeb, Moisés se encontró con una zarza ardiente. Fue en el Monte Sinaí dónde Dios le dio los Diez Mandamientos. Y en el Monte Nebo, Moisés miró y vio la Tierra Prometida. Fue en el Monte Carmelo que Dios hizo descender fuego para Elías.

Dios es el Dios de las alturas; Él es el Dios de las experiencias de la cima de la montaña. Pero Moisés hizo un cambio de enfoque precisamente en medio del relato sobre este gran Dios de las alturas. Es como si hubiera estado pensando: "No puedo dejar al pueblo con la idea de que Dios sólo está en la cima. Él no sólo está con las personas cuando todo es victoria, cuando todo está andando bien".

Entonces dijo: "El eterno Dios es tu refugio, y acá abajo los brazos eternos" (Dt. 33:27). Esa palabra hebrea para "debajo" significa "fondo". Así que podría traducirse: "Los brazos de Dios están debajo de ti acá en el fondo". No importa cuán profundo sea el valle por el que usted deba caminar, la presencia de Dios es más profunda. Sus brazos están debajo de usted... en el fondo.

Todos sabemos que Dios está en la cima. Pero ¡lo que usted debe predicarse cuando está afrontando el temor y la dificultad es que Dios está con usted cuando usted está en el fondo! Usted puede parecer abatido, pero nunca puede ir tan abajo en su desesperación o depresión, problema o dolor, que Dios no esté allí. Cuando siente que ya no puede ir más abajo, debajo de usted están los brazos eternos. ¡Dios no sólo es Dios de la cima, también es el Dios del fondo!

He aprendido que debajo del ministerio que Él nos ha

dado, están los brazos eternos de Dios. Debajo de cualquier crisis que afronta mi familia, están los brazos eternos de Dios. Jesús está conmigo, y Él tiene todo el poder, no sólo cuando estoy en la cima. Dios está debajo de mí, no importa cuán profundo sea el desafío del problema o el dolor. Esa consoladora verdad es mi segundo cazador del miedo. ¡Dios está en el fondo!

Lo aliento a que usted también lo haga su cazador del miedo. A veces, puede sentirse como si se encontrara en caída libre. Económicamente, puede estar enfrentando la ruina. Su familia puede estar por separarse. Puede haber perdido a su mejor amigo. Puede parecer que la vida no vale la pena. Cuando se sienta como si hubiera llegado a la roca del fondo, comience a buscar a Dios en ese lugar.

Permita que su fe declare que Dios está ahí en el fondo. Debajo de su punto más bajo, los brazos de Dios están esperando para levantarlo. Cuando el polvo se asiente, usted oirá a Dios decir: "¡Hola! ¡He aquí que yo estoy contigo siempre!".

> ## CAZADORES DEL MIEDO
> ¡Dios no sólo es Dios
> de la cima, también es
> el Dios del fondo!

3. Dios nos ha dado a todos una medida de fe.

La tercera cosa que me predico a mí mismo es la verdad de la Palabra de Dios que dice: "La medida de fe que Dios repartió a cada uno" (Ro. 12:3). No hay nada que Dios requiera de mí para lo cual yo no tenga fe. Él me ha dado la medida de fe que necesito para agradarle. Así que, cualquiera que sea el desafío que enfrento, me predico: "Tengo fe para esto".

Isaías profetizó que Dios anuncia lo por venir desde el principio, y desde la antigüedad lo que aún no era hecho (Is. 46:10). Dios establece su fin y luego regresa a usted para decirle: "Bien, comencemos. Si permaneces en la fe, caminarás en mi plan para tu vida porque ya está establecido. Establecí tu fin desde el principio".

Dios le ha dado la fe que usted necesita para comenzar a caminar en su voluntad. Jesús está con usted, y Él tiene todo el poder. Así que cuando el temor amenace su victoria, predíquese estas tres sencillas verdades acerca de la fe. La fe es importante. No se requiere una fe enorme. Tengo fe para esto.

La fe es importante.

Primero, la fe es importante. Jesús le dijo a Simón Pedro: "Simón, Simón, mira que Satanás los ha pedido a ustedes para sacudirlos como si fueran trigo; pero yo he rogado por ti, para que no te falte la fe" (Lc. 22:31-32; DHH). Esa fue la oración más importante que Jesús podía orar por Simón.

También para usted es la oración más importante. No una oración para que usted tenga el mejor año financiero de su vida. No que usted tenga una vida sin problemas, sino una oración para que su fe no falle.

La fe es más importante que el dinero. Es más importante que una carrera exitosa. Es más importante que la felicidad. ¿Por qué? Porque si usted se lleva todo lo que tengo, pero me deja con mi fe, ¡regresaré! La fe me conectará con la voluntad de Dios. Él siempre está conmigo, y Él tiene todo el poder. El fracaso nunca será definitivo si mi fe no falla.

Jesús, en efecto, estaba diciendo: "Cuando Satanás te está atacando, la oración más importante que puedo orar por ti es que tu fe permanezca a través de este proceso que vas a pasar... ¡que tu fe no falle!". Recuerde ante todo que la fe es *importante*.

No se requiere una fe inmensa.

Lo segundo acerca de la fe es que usted no necesita tener mucha fe para vivir victoriosamente. Jesús dijo que la fe del tamaño de un grano de mostaza era suficiente para mover una montaña. Luego dijo que con esa clase de fe, nada sería imposible para usted (Mt. 17.20).

El concepto de la "semilla de mostaza" era una frase usada en los días de Jesús para describir algo insignificante y pequeño. Pero Jesús la elevó al decir que usted sólo necesita esa "insignificante" clase de fe para hacer lo imposible. No menosprecie los pequeños comienzos. Que su fe obre como esa pequeña semilla de mostaza.

Vea, la diminuta semilla de mostaza tiene un poder innato para crecer y vencer obstáculos para convertirse en un árbol poderoso. Presiona a través de la tierra oscura, alrededor de las rocas, enfrentando tormentas y evitando animales y otras amenazas para su vida. No es tanto el tamaño de su fe, sino la calidad de ella lo que usted necesita para triunfar.

Sólo se requiere una fe tamaño "semilla de mostaza" para mover algo de la columna de la imposibilidad hacia la columna de la posibilidad. Lo único que hay entre su imposibilidad y su posibilidad es una de fe tipo semilla de mostaza.

Yo necesito esta pequeña verdad acerca de la fe. Vea, yo

no tengo una gran fe. Cada vez que necesitamos extender el ministerio, comprar otra estación de TV o hacer lo que fuere que Dios diga que hagamos, sólo tengo mi fe del tamaño de un pequeño grano de mostaza. Ella tiene que presionar a través de los obstáculos.

Tomo las decisiones necesarias y siento que estoy obedeciendo a Dios. Después, cuando las cuentas comienzan a llegar, siento que se levanta el temor, y comienzo a orar: "Oh Dios, ¿qué vamos a tener que cortar para hacer que esto ocurra?". Pero en vez de ceder a ese temor, comienzo a predicarme que Jesús está conmigo, y que Él tiene todo el poder, y que Él me ha dado una medida de fe para hacer toda su voluntad. Mi fe de semilla de mostaza crece un poco más y vence el temor.

Usted necesita dejar que su fe de semilla de mostaza crezca y aumente hasta convertirse en un árbol que florece y vence todo temor. Es una fe que no se rinde. La fe de semilla de mostaza es una fe invencible; es una fe que no se rinde. No se rinda ante la adversidad. Clame en fe, y observe cómo ésta sobrepasa todo obstáculo.

Tengo fe para esto.

La tercera cosa que he aprendido a predicarme a mí mismo acerca de la fe es: "Tengo fe para esto". Esta declaración es un potente cazador del miedo. Porque Él me ha dado una medida de fe, y me ha pedido que haga una determinada cosa, puedo confiar que tengo una fe tipo semilla de mostaza para esto. Eso es lo que me predico a mí mismo cuando algo imposible amenaza derrotar a mi familia o frustrar un área del ministerio: *Tengo fe para esto.*

Cuando usted enfrente un informe médico negativo o su

dinero esté circulando de forma rara, sólo diga: *"Tengo fe para esto"*. Cuando el diablo le muestre un total fracaso para su futuro, usted ríase de él y diga: "Jesús está conmigo, y Él tiene todo el poder. Dios está en el fondo y debajo están sus brazos eternos, y yo tengo fe para esto".

Oro que usted pueda usar estos tres cazadores del miedo como yo lo hago, para que le ayuden a convertirse en un eficaz cazador del miedo. Declare ahora mismo:

1. ¡Jesús está conmigo, y Él tiene todo el poder!

2. ¡Dios está en el fondo!

3. ¡Tengo fe para esto!

No es la voluntad de Dios que su vida esté gobernada por el temor, de ningún tipo. Sin embargo, el temor es uno de los mayores males que usted deberá enfrentar ¡y vencer! Así que para vivir una vida victoriosa, usted debe aceptar personalmente el desafío de convertirse en un cazador del miedo. Su fe vencerá al temor cuando usted se decida a llegar a ser un cazador del miedo.

> ### CAZADORES DEL MIEDO
>
> Tengo fe para esto.

Por supuesto, la clave para vivir por fe en un mundo gobernado por el temor es someter su vida al señorío de Cristo.

Mientras busca primeramente el reino de Dios y su justicia (Mt. 6:33), usted será restaurado a una íntima comunión con Dios. Después podrá aprender a vencer el temor con las promesas de la Palabra de Dios.

Para ser un eficaz cazador del miedo, usted necesitará el arsenal de armas divinas: los cazadores del miedo de Dios. Sin estas armas divinas, usted no puede derrotar el temor. Como un valiente cazador del miedo, usted aprenderá a usar las armas de Dios para vencer toda clase de temor.

Es imposible hablar de cada arma divina del arsenal de Dios. Usted simplemente confíe en que el Espíritu Santo le enseñe a ser eficaz en vencer los temores. A medida que progrese, descubrirá en la Palabra de Dios cada vez más armas divinas para usar contra el poder del temor que atormenta su vida.

Para comenzar, sugiero que use el "Arsenal del cazador del miedo" incluido al final de cada capítulo. Después usted puede desarrollar el suyo propio mediante la revelación personal de la Palabra de Dios. Declare su Palabra en fe y nada que la vida le arroje a su paso lo vencerá, ni lo derrotará ni lo hará vivir con temor.

Cuando usted dé el primer paso para vivir una vida libre de temor, descubrirá que muchos de sus temores en realidad han sido "mucho ruido y pocas nueces". Aprenderá a vivir en el maravilloso refugio de seguridad que Dios le ha provisto. Si ha decidido aprender cómo convertirse en un efectivo cazador del miedo, por favor ore esta oración conmigo:

Querido Padre celestial:

Vengo a ti para declarar la verdad de que Jesús está conmigo, y que Él tiene todo el poder. Declaro que tú eres el Dios del fondo cuando siento que la vida se acaba y no puedo continuar. Elijo creer que tengo fe para esto... que tú me has dado una medida de fe para convertirme en un eficaz cazador del miedo ¡y ganar! Yo someto mi vida completamente a tu señorío, Jesús. Elijo enfrentar mis temores y aprender a usar tus sobrenaturales cazadores del miedo para vivir una vida de victoria sobre todo temor. Gracias, Señor. Amén.

Venza sus temores

Él [Jesús] les dijo: Por qué teméis, hombres de poca fe? Entonces, levantándose, reprendió a los vientos y al mar; y se hizo grande bonanza.

—Mateo 8:26

Pero enseguida Jesús les habló, diciendo: ¡Tened ánimo; yo soy, no temáis!

—Mateo 14:27

Entonces Jesús se acercó y los tocó, y dijo. Levantaos, y no temáis.

—Mateo 17:7

Pero Jesús, luego que oyó lo que se decía, dijo al principal de la sinagoga: No temas, cree solamente.

—Marcos 5:36

La paz os dejo, mi paz os doy; yo no os la doy como el mundo la da. No se turbe vuestro corazón, ni tenga miedo.

—Juan 14:27

Mis cazadores del miedo personales

_____

_____

_____

_____

_____

_____

_____

_____

_____

_____

_____

_____

_____

_____

_____

_____

_____

_____

_____

2

MUCHO RUIDO Y POCAS NUECES

EL TEMOR NO es racional. No se basa en hechos. Los investigadores han encontrado que el 40 por ciento de las cosas por las cuales nos preocupamos nunca ocurren, y el 30 por ciento están en el pasado y no se pueden modificar. Otro 12 por ciento de las preocupaciones implica asuntos de terceros que ni siquiera nos incumben. El 10 por ciento de nuestras preocupaciones se relaciona con la enfermedad, real o imaginaria. Eso deja sólo un 8 por ciento de las cosas por las que nos preocupamos que tenga una mínima *probabilidad* de ocurrir.[1]

El *Wall Street Journal* publicó un artículo acerca del "gen de la preocupación" que los científicos han descubierto. Investigadores científicos de Yale han identificado un gen de preocupación que puede contribuir a la preocupación crónica. Es un gen que se ha heredado de los padres. Sin embargo, aun estos investigadores concluyen que el haber heredado un gen de preocupación no significa que usted no la pueda vencer.[2]

El hecho es que usted no tiene por qué vivir ansioso y preocupado. La preocupación es un temor de menor grado. Es un interés que se paga por un problema antes de que éste se haga efectivo.[3]

En la mayoría de los casos, según las estadísticas, lo que nos preocupa nunca sucede. El "problema" que nos preocupa nunca se hace efectivo.

Si yo no hubiera superado el temor a volar que amenazó con atormentarme, podría estar "pagando intereses" por ese temor irracional cada vez que vuelo. Sin embargo, la probabilidad de morir en un accidente aéreo es remota. Sería necesario que volara todos los días durante diecinueve mil años antes de alcanzar la probabilidad de experimentar una accidente aéreo fatal.[4] Eso hace del avión una de las formas más seguras de transporte. A pesar de estos hechos, el temor a volar es una de las seis causas de muerte más temidas. Realmente, es mucho ruido y pocas nueces.

"¿POR QUÉ TANTO ALBOROTO?"

Jairo, un principal de la sinagoga, vino y se postró a los pies de Jesús, y le rogó que fuese a orar por su hija que estaba enferma. Así que Jesús se encaminó hacia su casa. Pero mientras iban, los sirvientes de Jairo llegaron y le dijeron que su hija había muerto. Jesús le dijo a este padre desesperado: "No temas; cree solamente" (Mr. 5:36).

Cuando llegaron a su casa, todos estaban llorando y lamentándose. Jesús preguntó: "¿Por qué tanto alboroto…?" (v.39, NVI). La palabra *alboroto* puede traducirse como "conmoción", "clamor" o "tumulto". Jesús realmente estaba diciendo: "Están haciendo mucho alboroto por nada". Luego, Jesús pidió que todos salieran de la habitación, y tomó de la mano a la niña y le dijo que se levantara. Ella despertó y se levantó para asombro de todos.

> ## CAZADORES DEL MIEDO
> La preocupación es un
> interés que se paga por
> un problema antes de que
> éste se haga efectivo.

Cuando leo sobre este maravilloso milagro, me doy cuenta que Satanás trata de que nos concentremos en nuestro problema y que hagamos un gran "alboroto" al respecto. En nuestra mente, el problema se vuelve más grande que el poder del precioso Jesús. Para deleite del enemigo, elegimos hacer "mucho ruido y pocas nueces".

El título de la famosa comedia romántica de William

Shakespeare, *Mucho ruido y pocas nueces*, se extrajo de esta referencia bíblica. En su obra, desarrolla el tema de las apariencias engañosas y advierte al lector: "No juzguéis según las apariencias, sino juzgad con justo juicio" (Jn. 7:24).[5]

El temor y la preocupación obran según las apariencias, para engañarlo. ¿Cuánta energía y emoción ha gastado por cosas que nunca se materializan? Yacemos despiertos en la noche mirando el techo y pensando que eso malo va a ocurrir... Sin embargo, nunca ocurre. Simplemente es mucho ruido y pocas nueces.

Cuando recién empezaba a pastorear, estaba demasiado pendiente de lo que las personas decían acerca de la iglesia o de mí. Me preocupaba lo que oía y quería llamar inmediatamente a todos los implicados para evitar que las cosas se me fueran de las manos. Pero aprendí que si se está gestando una crisis, voy a dejar que se convierta en crisis antes de decidir cómo manejarla. Si no, voy a perder tiempo preocupándome por eso. Podría ser mucho ruido y pocas nueces.

Una vez escuché de un hombre que era tan neurótico respecto a la vida que cuando iba a ver un partido de fútbol, pensaba que el equipo estaba hablando de él cada vez que se apiñaban. Cuando el temor trate de abrumarlo, cálmese. Podría tratarse de mucho ruido y pocas nueces.

En vez de encogerse de temor, comience a declarar: "Jesús está conmigo. Su plan está obrando para mí, y su Espíritu Santo me consuela. ¿Por qué debo estresarme tanto y alimentar mi gen de preocupación hasta que enferme mi cuerpo? Me rehúso a hacer mucho ruido y pocas nueces."

Sobreponerse a una cultura del temor

Si usted llega a quedar completamente absorto en la preocupación sobre su situación, ni siquiera va a clamar a Jesús. Adquirir el hábito de la preocupación hará que usted esté ansioso por todas las cosas de la vida, grandes y pequeñas. Satanás es un experto en hacerlo preocupar incluso por cosas que nunca van a ocurrir.

Por ejemplo, la expectativa de vida en los Estados Unidos se ha duplicado durante el siglo veinte. Somos más capaces de curar y controlar las enfermedades que ninguna otra civilización de la historia.[6]

Sin embargo, los medios describen un cuadro diferente de la salud de nuestra nación. En 1996, Bob Garfield, un escritor de revistas, revisó artículos sobre enfermedades graves publicados en el curso de un año en el *Washington Post*, el *New York Times*, y *USA Today*. De esta lectura, aprendió que:

- Cincuenta y nueve millones de estadounidenses sufrían infartos.
- Cincuenta y tres millones sufrían migrañas.
- Veinticinco millones tenían osteoporosis.
- Dieciséis millones eran obesos.
- Tres millones tenían cáncer.
- Diez millones sufrían de raras dolencias tales como trastornos de la articulación témporomandibular.
- Dos millones sufrían daños cerebrales.[7]

Sumando las cifras, Garfield determinó que la mayoría de los norteamericanos están gravemente enfermos. "O estamos condenados como sociedad o alguien está duplicando el cómputo seriamente", sugirió.[8]

No escuche las emisoras ABC, NBC, ni "Woe is Me" ("¡Pobre de mí!"). Sólo intentan crear una cultura del temor, haciendo mucho alboroto por nada. Dios no desea que usted viva con temor crónico por lo que difunden los medios, a menudo, para vender sus productos.

Lo desafío a que use la Palabra de Dios como un poderoso antídoto para la ansiedad, el temor y los ataques de pánico. Póngase la armadura de Dios que describe el apóstol Pablo, la cual incluye el escudo de la fe para apagar los dardos de fuego del enemigo. También incluye la espada del Espíritu, que es la Palabra de Dios (Ef 6:17). Esas divinas armas cazadoras del miedo le proveen un poder sobrenatural para derrotar el temor. Ellas liberan el poder de Dios en cada situación negativa que usted enfrenta.

Usted debe decidir convertirse en un guerrero y no en un ansioso. Como cazador del miedo, usted puede usar las promesas de la Palabra de Dios para vencer al temor y la preocupación.

En estos días que vivimos, usted va a ser o un guerrero o un ansioso. No habrá término medio. Cuando oiga malas noticias económicas, enfrente una crisis de salud, o esté tentado a preocuparse por sus hijos, elija luchar contra el temor con la Palabra de Dios en vez de preocuparse y temer lo peor. Cuando lleguen los problemas, cuando los tiempos difíciles golpeen su vida, rehúse encogerse de miedo.

No entiendo por qué la gente tiene que pasar por eso. No entiendo por qué el cáncer ataca a gente buena que jamás ha fumado ni un día de su vida, o por qué deben enfrentar los efectos colaterales de la radiación y los tratamientos. ¿Qué hace usted en esos tiempos difíciles? O cede al temor y permite que destruya su paz y su bienestar o se convierte en un guerrero.

Ser un guerrero no significa que usted no sentirá ningún temor de la incertidumbre de todo lo que podría o pueda suceder. Pero cuando el temor amenace con asaltar su mente, comience a declarar como lo hizo David: "En el día que temo, yo en ti confío" (Sal 56:3). En esa posición de declaración de su fe, Dios estará muy cerca de usted.

VALENTÍA CON PIES FRÍOS

¿Conoce la historia de Benaía del Antiguo Testamento? Él fue un héroe durante el reinado del rey David y se convirtió en uno de los valientes del rey. La Biblia dice que él mató a un león en un pozo un día de nieve. Tuvo el coraje de saltar a un pozo nevado con un león, y pelear con él hasta matarlo. ¡A eso lo llamo valentía con pies fríos!

Cuando decimos que tenemos los pies fríos, queremos decir que tenemos temor de hacer algo. La valentía es hacer algo que temes hacer. No es actuar sin sentir temor. Alguien ha dicho: "La valentía es el temor que ha dicho sus oraciones".[9]

Cuando oye a Dios y Él le dice que haga algo, usted está lleno de fe en ese momento. Su espina dorsal se afirma como acero. ¡Usted ha oído a Dios! Luego, cuando se mueve en fe, encuentra al león que está a punto de atacar.

El apóstol Pedro nos dice que estamos en guerra espiritual con un león: "Sed sobrios, y velad; porque vuestro adversario el diablo, como león rugiente, anda alrededor buscando a quien devorar" (1 P 5:8). Es entonces cuando usted tiene valentía con los pies fríos. Pero está bien. Mark Twain decía: "La valentía es la resistencia al temor, dominar el temor, no es la ausencia de temor; es el dominio del temor".[10]

En estos tiempos difíciles, Dios necesita que algunos hombres y mujeres tengan la valentía de decir: "Dios dijo que lo hiciera, ¡y voy a hacerlo!". Aunque tenga que meterse en la nieve hasta las rodillas y pelear con un león, usted dice: "¡Que salga! ¡No voy a retroceder de miedo, porque sé lo que Dios me dijo! Puedo tener valentía con los pies fríos, pero el león no me va a vencer, ¡yo voy a vencerlo!". El hecho es ¡que no hay verdadera valentía, a menos que usted esté aterrado!

> ## CAZADORES DEL **MIEDO**
> Dios responde a la valentía
> que se demuestra en
> medio del temor.

En este preciso instante, usted puede estar en un punto de su vida en que Dios le ha dicho que haga algo difícil. Sabe que ha oído a Dios, y se está moviendo en fe. Pero ha comenzado a sentir el síndrome de los pies fríos. Permítame animarlo: ¡Sea muy valiente; el Señor está con usted! Comience a declarar: "Jesús está conmigo, Él tiene todo el poder. ¡Yo tengo fe para esto!".

Luchas desiguales

Si usted va a pelear con un león, parecería mejor escoger un día cálido y soleado en vez de uno nevado y frío. Pero no elegimos el tiempo de la lucha —el enemigo lo hace— y es una lucha desigual. No hay nada equitativo en una lucha de un león con un hombre. Obviamente el león es más fuerte y tiene ventaja, pero Dios es conocido por poner a su pueblo en luchas desiguales.

No hay nada equitativo en que Josafat y su ejército marchen hacia el destellante acero del ejército sirio con el equipo de alabanza en primera línea. Obviamente él nunca había estudiado estrategias de guerra en West Point. A un general de cinco estrellas, le daría un infarto al pensar que tendría que poner a los instrumentos musicales en la línea frontal de su ejército cuando marcha hacia territorio enemigo. ¿Qué oficial militar consideraría tratar de derrotar al enemigo con violín, arpa y pandereta?

No hay nada equitativo en los hijos de Israel el que marchen alrededor de los muros inexpugnables de Jericó como estrategia de guerra; o en David y su honda contra el gigante Goliat. Pero su "nada" más el "todo poder" de Dios es igual a gigantes derrotados, muros que caen, ejércitos que se emboscan a sí mismos, y victoria en cada batalla que Él le da para que pelee. Así que sea muy valiente.

Cuando usted enfrenta probabilidades insuperables, ése es el ámbito de la valentía. Ése es el lugar para la valentía con pies fríos. ¡He estado allí, amigo! Cuando Dios me dijo que fuera a Gainesville a pastorear Free Chapel, fui con valentía con pies fríos. Cuando Él dijo que construyéramos un edificio para la iglesia, que dos millones y medio de dólares parecían veintinueve millones de dólares, nuestra congregación avanzó con valentía y pies fríos. Después, cuando compramos más tierra por cinco millones de dólares, tuvimos que aunar valentía para volver a vencer el temor. Y cuando comenzamos a edificar el santuario por diecisiete millones de dólares dije: "Aquí estoy otra vez. Avanzando con valentía con los pies fríos".

Pero déjeme decirle lo que pasa. Cuando usted sale e ingresa al ámbito de lo milagroso y ha hecho todo para permanecer en lo que Dios dijo, comienza a ver los milagros. Los milagros ocurren en el territorio de los milagros. La Biblia dice: "Un abismo llama a otro" (Sal 42:7). Cuando empezamos a lanzarnos a las "aguas" profundas, Dios ya tiene personas esperando para ayudarnos. Las personas no se arrojan por pequeñas necesidades. Las grandes necesidades requieren las "aguas profundas".

De todas partes, las personas comenzaron a enviar donaciones para ayudarnos a pagar el plan "imposible" de Dios para alcanzar muchas almas más. Algunas de estas personas no habían estado relacionadas anteriormente con el ministerio, pero fueron movidas en fe y deseaban ser parte de lo que Dios nos había pedido que hiciéramos.

Dios responde a la valentía que se demuestra en medio del temor. Usted puede ganar su batalla "desigual" cuando decide convertirse en un cazador del miedo.

VALENTÍA PARA SUS LUCHAS PERSONALES

Nuestra familia enfrentó una crisis aterradora con nuestra hija mayor cuando le dijo a mi esposa que había encontrado un bulto en su pecho. Mi esposa lo relata como sólo una madre puede hacerlo:

Mi abuela murió de cáncer de mama, y a mi madre se le diagnosticó cáncer de mama hace muchos años. Nunca olvidaré el día en que mi hija, que entonces tenía diecisiete años, vino y me dijo que había encontrado un bulto en su pecho. Inmediatamente, mi corazón se llenó de temor, al considerar nuestros antecedentes familiares. Tratando de no asustarla, permanecí exteriormente tranquila y le dije que probablemente no era nada; es común que las chicas tengan nódulos. Pero en mi interior, yo tenía pánico.

Al día siguiente, la llevé al médico para que la examinara. El médico encontró el bulto y dijo que era del tamaño de una moneda. Debido a los antecedentes de cáncer de mama, nos envió a Atlanta a un especialista, y nos dijo que no tenía buen aspecto. No conseguimos ver al especialista por una semana, la que fue toda tortura.

Ese miércoles por la noche, tuvimos un servicio impactante. Nuestra hija que, por lo general, estaba en la reunión de jóvenes los miércoles por la noche, estaba esa noche en el santuario cantando con el grupo de alabanza. El Espíritu Santo descendió, y mi esposo fue movido a llamar a las personas para que pasasen a orar adelante.

Ella pasó al frente llorando, junto con muchos otros que necesitaban un toque de Dios esa noche. Más tarde, dijo: "Cuando recibí la oración, algo cambió, y sentí que la paz de Dios me envolvía. Ese terrible temor que apretaba mi vida se fue".

Cuando llegamos a casa, ella nos dijo que no podía encontrar el bulto. Así que fuimos al médico local a la mañana siguiente para ver si él podía hallarlo. No pudo.

Mientras nuestra hija yacía en la camilla, dije con preocupación maternal: "Tiene que estar allí. Verifíquelo otra vez. Siga buscándolo". Pero él dijo: "Lo que sea que estuviera allí ahora ya no está". De modo que fuimos al especialista para que realizara exámenes más complejos, y no se encontró ningún bulto. El especialista simplemente dijo: "Allí no hay nada. No tenemos que volver a verte hasta que tengas veinte años".

En nuestra crisis, clamamos a Dios por la salud de nuestra hija. Declaramos con valentía con pies fríos que Dios es su sanador. Podríamos haber sucumbido al temor y someterla a cirugía y otros tratamientos. Pero Dios estuvo allí a nuestro favor cuando nos atrevimos a clamar a Él en nuestra terrible crisis.

¿Qué hará usted cuando reciba un diagnóstico negativo de su médico, cuando vea su enfermedad en las radiografías, cuando reciba una notificación de despido de su empleador? ¿Cómo reaccionará si enfrenta una ejecución hipotecaria? Ya sea que su matrimonio, sus hijos, sus finanzas o su salud estén en crisis, usted tiene que decidir si se convierte en un guerrero o en un ansioso.

Desearía que todas las historias terminaran con un milagro o una sanidad, pero no siempre sucede así. A veces, Dios hace que pase por la experiencia del horno de fuego, en vez librarlo de dicho horno.

En estados de horror, podemos calmar nuestro temor y llenarnos el corazón de valor para afrontar los retos de la vida al concentrarnos en la Palabra de Dios.

Usted debe decidirse a tomar la Palabra de Dios y sus promesas, creyendo en su gran amor por usted, e ir a la guerra con esos cazadores del miedo. Él le dará el valor para vencer su miedo y luchar por su victoria, por la victoria de su familia, y por toda lucha "desigual" que el enemigo haya tramado contra usted. No acepte el mucho ruido y las pocas nueces. Declare que usted es un guerrero, y diga en la cara del león: "Escrito está…". Le animo a hacer esta oración mientras se decide a ser un guerrero victorioso:

> *Amado Jesús: perdóname por haber permitido que mi mente se llenara de temor irracional, por ceder ante el mucho ruido y las pocas nueces. Ayúdame a convertirme en un guerrero en vez de en un ansioso. Elijo obedecer tus mandamientos y seguir avanzando con valentía aunque sienta temor. Digo con David: "En el día que temo, yo en ti confío". Confío en que comenzaré a ver milagros en mi vida, a medida que tomo tu Palabra y creo tus promesas, declarando en el rostro del enemigo: "Escrito está". Gracias, Señor. Amén.*

Mucho ruido y pocas nueces

He aquí Dios es salvación mía; me aseguraré y no temeré.

—Isaías 12:2

No temas, porque yo estoy contigo; no te desalientes, porque yo soy tu Dios. Te fortaleceré, ciertamente te ayudaré, sí, te sostendré con la diestra de mi justicia.

—Isaías 41:10, lbla

Así será mi palabra que sale de mi boca; no volverá a mí vacía, sino que hará lo que yo quiero, y será prosperada en aquello para que la envié.

—Isaías 55:11

No tendrás temor de pavor repentino, ni de la ruina de los impíos cuando viniere, porque Jehová será tu confianza, y él preservará tu pie de quedar preso.

—Proverbios 3:25-26

Mis cazadores del miedo personales

_____

_____

_____

_____

_____

_____

_____

_____

_____

_____

_____

_____

_____

_____

_____

_____

_____

_____

Mi estrategia para cazar el miedo

¿Ha comenzado usted a crear una estrategia personal para luchar contra el miedo?

¿Qué pasos daría usted para convertirse en un cazador del miedo?

_____

_____

_____

_____

_____

_____

_____

_____

_____

_____

_____

_____

_____

_____

Cántico de Moisés por la protección divina

El que vive bajo la sombra protectora
    del Altísimo y Todopoderoso,
dice al Señor: "Tú eres mi refugio,
    mi castillo, ¡mi Dios, en quien confío!"
Solo él puede librarte
    de trampas ocultas y plagas mortales,
pues te cubrirá con sus alas,
    y bajo ellas estarás seguro.
¡Su fidelidad te protegerá como un escudo!
    No tengas miedo
a los peligros nocturnos,
    ni a las flechas lanzadas de día,
ni a las plagas que llegan con la oscuridad,
    ni a las que destruyen a pleno sol;
pues mil caerán muertos a tu izquierda
    y diez mil a tu derecha,
pero a ti nada te pasará.

    Solamente lo habrás de presenciar:
verás a los malvados recibir su merecido.

    Ya que has hecho del Señor tu refugio,
del Altísimo tu lugar de protección,
    no te sobrevendrá ningún mal
ni la enfermedad llegará a tu casa;
    pues él mandará que sus ángeles
te cuiden por dondequiera que vayas.

    Te levantarán con sus manos

para que no tropieces con piedra alguna.

Podrás andar entre leones,
entre monstruos y serpientes.

"Yo lo pondré a salvo,
fuera del alcance de todos,

porque él me ama y me conoce.
Cuando me llame, le contestaré;

¡yo mismo estaré con él!
Lo libraré de la angustia

y lo colmaré de honores;
lo haré disfrutar de una larga vida:

¡lo haré gozar de mi salvación!"

—Salmo 91, dhh

3

SU REFUGIO DEL TEMOR

¿A DÓNDE VA USTED cuando necesita sentirse a salvo? ¿Qué hace para sentir alivio cuando se encuentra ante situaciones amenazantes? ¿Se vuelve hacia la comida buscando consuelo? ¿O al alcohol? ¿A las píldoras? ¿Visita a un psiquiatra? ¿O sale de *shopping* al centro comercial y se gasta hasta lo que no tiene?

Muchas personas sufren de terribles adicciones que han desarrollado para tratar de superar sus temores. Algunas se vuelven adictas al trabajo. Otras son adictas a los medios de distintas clases. Algunos se escapan mediante la TV, convirtiéndose en teleadictos. Muchos pasan horas cada día en la Internet, Facebook y Twitter. ¿Cómo escapa usted de la presión y la ansiedad en su vida?

¿Sobrelleva el temor ingresando al mundo del escapismo y la adicción? Si su respuesta es sí, tengo buenas noticias para usted. Dios tiene un lugar seguro donde usted puede vivir sin tener temor. No se tiene que escapar hacia una peligrosa adicción para conseguir aliviar su preocupación y temor. Él desea rescatarlo de todo temor que atormente su mente y sus emociones.

Dios quiere ser su amoroso Padre celestial. A Él le encanta que sus hijos corran a sus brazos por consuelo y protección. La Biblia nos da hermosas representaciones de ese lugar seguro. Usted sabe que David escribió muchos de los salmos, pero uno de los más hermosos salmos acerca de nuestro refugio ante el temor fue escrito por Moisés.

En el Salmo 91, Moisés describe su lugar seguro libre de temor y de todos los ataques del enemigo contra su vida. Él lo llama "la sombra del Omnipotente". En lenguaje moderno, usted podría llamarlo su propio hogar en la presencia de Dios. Las buenas noticias son que cuando usted corre hacia la sombra de Dios, Él lo protege de toda clase de daño con su gran poder. Él quiere que usted sepa que ya no tiene que vivir atemorizado nunca más.

LA SOMBRA DEL OMNIPOTENTE

¿Qué es la sombra del Omnipotente? El desierto en el que vagó Israel por cuarenta años era verdaderamente un desierto muy caliente. No había sombra allí, excepto la provista por las tiendas en las que vivía el pueblo. Como pueblo nómada, su único refugio del sol ardiente era la sombra de sus tiendas. Así que entendían esta poderosa metáfora que Moisés usó para describir su lugar seguro en Dios: bajo la sombra del Omnipotente.

Para apreciar realmente lo que Moisés está diciendo, también es necesario comprender la ley de hospitalidad que Dios le dio a su pueblo. Era una ley que les decía cómo tratar a los extranjeros que llegaran a su campamento.

CAZADORES DEL **MIEDO**

Cristo le devolverá todo lo que perdió como resultado del poder del pecado en su vida.

Si usted estaba perdido en el desierto, hambriento, sediento o necesitaba ser protegido de un enemigo, podía entrar al campamento de Israel. A los hijos de Israel se les requería que le dieran la ayuda que usted necesitara en razón de la ley de hospitalidad. El proceso era simple.

Primero, usted tenía que saber el nombre del jefe de los pastores. Luego iba y se asía de la cuerda de su tienda y empezaba a gritar pidiéndole ayuda. Cuando usted hacía eso, la ley de hospitalidad exigía que lo dejaran pasar y lo ayudaran.

Usted podía encontrar seguridad en la sombra de su tienda.

Todo Israel entendía que cuando llevaban a alguien a su morada, tenían que protegerlo con su vida. ¿Recuerda cuando los ángeles rescataron a Lot del juicio de Dios sobre Sodoma? Lot invitó a los ángeles a entrar a su casa. Luego, los hombres malvados de la ciudad vinieron al hogar de Lot. Amenazaron con destruirlo si no dejaba que los ángeles salieran para poder abusar de ellos. En vez de ceder a estos hombres, Lot les ofreció a sus hijas vírgenes. (Vea Génesis 19.)

Como padre de cuatro preciosas hijas, no podría comprender el ofrecimiento de Lot de cambiar a sus hijas por el bienestar de los huéspedes de su hogar. ¿Cómo podía permitir que sus hijas fueran violadas por esos hombres malvados? Pero la ley de la hospitalidad exigía que Lot protegiera a esos ángeles con su vida. Los había invitado a su hogar, y era responsable por su seguridad. Lot tenía que hacer todo lo que estuviera en sus manos para evitar que les hicieran daño.

En el cántico de Moisés, él muestra la misma hospitalidad de Dios que nos rescata del temor. Cuando usted viene a su presencia y clama a su nombre, Él irá hasta lo sumo para protegerlo del mal. El nombre divino El Shaddai describe ante todo su poder (El) para protegerlo: ¡Él tiene todo el poder! Él tiene el poder de un león para devorar su presa y defenderlo a usted de todo enemigo.

Segundo, su nombre Shaddai describe su amor y ternura hacia usted. Significa "uno bien amamantado", lo cual refiere a una madre cariñosa, tierna y cuidadosa. A veces, usted necesita el "El" del poder de Dios para que lo libere, y otras veces sólo necesita su ternura para que lo sostenga y lo consuele. Dios le dice que Él será todo lo que usted necesita que sea.

Ha habido momentos de mi vida en que no necesitaba la fuerza del león o el poder atronador de Dios. Me sentía muy vulnerable, muy cansado, muy probado y muy exigido. Yo necesitaba que la ternura de mi Shaddai me sostuviera.

Si no hubiera recibido su ternura, su cuidado y su fortaleza mientras me consolaba en esas dolorosas pruebas, me habría rendido. Pero mi El Shaddai estaba allí, en ese lugar secreto, para concederme su bendición y su favor. Todo lo que yo tenía que hacer era gritar su nombre y tirar de la cuerda de su tienda.

CRISTO, NUESTRO JEFE DE PASTORES

¿Recuerda a la mujer con el flujo de sangre? Ella creía que si tan sólo podía tocar el borde del manto de Jesús, sería sanada. ¿Qué era ese borde? Era la cuerda de la tienda. Corrió hacia Jesús para buscar la sanidad que necesitaba. Cuando tocó el manto, Jesús supo que alguien había tocado esa cuerda. Inmediatamente, se dio vuelta para ver quién lo había tocado.

Los discípulos estaban disgustados. Hicieron notar que con tanta gente en la multitud que lo rodeaba, todos lo estaban tocando. Pero Jesús conocía la diferencia entre la multitud que empujaba y el toque de una mujer que se había refugiado bajo su sombra. Ella había buscado tocarlo con un sólo propósito: el clamor de su corazón por la sanidad divina. Jesús reconoció la fe de ella, y la declaró sana de su enfermedad de doce años.

¿Necesita usted ser rescatado del temor? ¿De la enfermedad? ¿De los problemas económicos? Con el tierno amor de una madre, Jesús responderá a su clamor por ayuda. Todo el poder de Jesús está a su disposición cuando usted se refugia bajo su sombra. Usted puede tener todas las promesas que Moisés describió en su cántico, en el nombre de Jesús. Bajo la sombra de Cristo hay sanidad y salud, bendición y favor, y protección de todo mal.

SU CIUDAD DE REFUGIO

Dios le dijo a Josué que construyera seis ciudades de refugio como lugares seguros para que el culpable corriera hacia allí. Según la ley, era lícito que un miembro de una familia intentara matarlo a usted para hacer justicia por la persona a quien usted había matado. Pero si usted mataba a alguien accidentalmente, podía huir a una ciudad de refugio para esconderse. (Vea Josué 20.)

> ## CAZADORES DEL **MIEDO**
> Con Dios, no hay límites,
> sólo posibilidades.

Cuando les decía a los líderes de la ciudad lo que había ocurrido, se requería que ellos lo protegieran de la venganza de su enemigo. La única estipulación era que usted nunca dejara esa ciudad de refugio hasta que muriese el sumo sacerdote. Cuando eso ocurría, era libre para regresar con su familia y recuperar todo lo que había perdido a causa de su culpa.

Jesucristo es llamado el sumo sacerdote de la fe que profesamos (He.3:1, NVI). Cuando usted corre hacia Él buscando refugio, Él le pide que confiese lo que ha hecho. Luego le ofrece su perdón y le da su protección. Él ha pagado por su perdón, al llevar toda su culpa en la cruz del Calvario. Él lo ha liberado de todo aquello por lo cual su pasado decía tener derecho para destruirlo, juzgarlo y condenarlo.

Cristo le restaurará todo lo que usted perdió como resultado del poder del pecado en su vida. Él es su Sumo Sacerdote. Usted puede entrar en un pacto de bendición para su vida cuando invoca su nombre. Mientras aprende a permanecer en Cristo, puede vivir una vida libre del poder destructivo del temor y el pecado.

Por supuesto, Dios nunca le prometió una vida sin problemas. Usted no puede evitar los ataques del enemigo contra su vida. Es necesario que comprenda cómo vencer sus amenazas. Hay tres clases de ataques que el enemigo usa para amenazar a usted y su familia:

- El ataque *esperado*
- El ataque *inesperado*
- El ataque *infundado*

EL ATAQUE ESPERADO

En el cántico de Moisés, él describe cómo Dios lo protege a usted del ataque del león. El león representa la amenaza de los ataques *esperados* contra su vida y su familia. Cuando usted está en presencia de un león, espera ser atacado. Allí no hay sorpresas. El paquete de la vida incluye problemas incorporados.

¿Está usted afrontando problemas de relación con su familia, problemas con sus finanzas, su salud o ministerio?

Entonces, necesita recibir la protección de Dios para esos esperados ataques del león.

La Biblia se refiere a Satanás como un león rugiente: "Sed sobrios, y velad; porque vuestro adversario el diablo, como león rugiente, anda alrededor buscando a quien devorar" (1 P 5:8). Como creyente, usted puede esperar que vengan esos ataques del enemigo, no importa quién sea usted. No debería asombrarse —ni atemorizarse— cuando es atacado, porque la Biblia dice que eso sucederá.

En vez de ceder al temor, debe estar firme e invocar el nombre del Señor. Él ha prometido protegerlo cuando usted lo haga. Manténgase firme contra los planes de destrucción del león. "Al cual resistid, firmes en la fe" (v.9). Cuando nuestra hija enfrentó la amenaza del león contra su cuerpo, oramos. Clamamos a El Shaddai. Él oyó nuestro clamor y la rescató de esa enfermedad con potencial riesgo de muerte.

Usted no debe temer el ataque esperado del león. Dios le ha prometido victoria sobrenatural sobre toda amenaza del enemigo. Refúgiese bajo su sombra, y use su maravilloso nombre como el cazador del miedo que usted necesita para vencer los ataques esperados del enemigo.

EL ATAQUE INESPERADO

Moisés declaró que Dios lo protegería a usted de las serpientes. Una víbora yace quietamente bajo una roca o detrás de un arbusto y lo ataca cuando usted menos lo espera. Eso representa el ataque *inesperado* del enemigo. Cuando es atacado por una víbora, usted dice cosas como: "¡Uau, ni lo vi venir!", ese accidente, esa pérdida de empleo, ese problema relacional. "La víbora estaba allí debajo de esa roca, y no la vi venir y atacarme."

Usted sabe cuán aterrador puede ser ese ataque. De un modo u otro, el elemento sorpresa hace que lo tome desprevenido. Usted siente un temor sobrecogedor en ese momento. Pero no tiene que asustarse cuando la víbora lo ataca inesperadamente. Métase bajo la sombra de El Shaddai. Usted debe saber que ¡los milagros pueden ocurrir tan repentinamente como las tragedias! ¡Sólo invoque el nombre del Señor!

Haga lo que hizo el apóstol Pablo cuando una serpiente se prendió de su mano, y él la sacudió en el fuego. (Vea Hechos 28.) Cuando lo asalte un ataque sorpresivo del enemigo, no deje que lo muerda, ¡sacúdalo!

Si la víbora quiere morder su mente, llenarla de temor, resentimiento, enojo o falta de perdón, sacúdala. No permita que tome ventaja sobre usted escuchando sus solapadas acusaciones. El diablo intentará robarle su paz y su gozo, sus relaciones, y su fe en Dios. Intentará atacar a sus hijos, sus finanzas y su futuro.

Corra hacia la tienda de El Shaddai, y permítale que limpie su corazón de la mordedura de la víbora. Él destruirá los efectos traumáticos del ataque inesperado a su vida. Dios le devolverá todo lo que el enemigo ha tratado de robarle.

Satanás es un ladrón del gozo. Sus ataques inesperados pueden quitarle su gozo de un mordisco. Él quiere que usted se levante todos los días y odie su vida. Puede sucederle a cualquiera de nosotros. La depresión siempre se yergue sobre nosotros, pero no tiene que aceptarla. Sólo declare: "El Señor es mi refugio. El Señor es mi vida. El Señor es mi lugar seguro". La Biblia dice que a su diestra hay delicias para siempre (Sal 16:11). Dios quiere que usted sea un hijo feliz, que viva en su presencia sin preocupaciones.

Satanás quiere robarle su paz. Oré con una persona que estaba siendo atormentada por espíritus demoníacos. No lo dejaban dormir por las noches. Le dije que sólo hay un lugar en donde puede estar seguro.

Usted puede ir a un psiquiatra, pero ellos no pueden darle seguridad. Puede buscar alivio en la medicación o el alcohol, pero sólo encontrará el verdadero lugar seguro a la sombra de El Shaddai, en Cristo Jesús nuestro Señor.

Yo sé lo que es ser atacado por los demonios. Los he visto con mis ojos. Pero es entonces cuando me refugio en El Shaddai. Tiro de la cuerda de su tienda e invoco su nombre. En ese lugar de divina seguridad, todos los ejércitos y los ángeles del cielo se ponen de pie y declaran: "¡Él está bajo la sombra del Omnipotente! ¡Tenemos que rescatarlo!".

EL ATAQUE INFUNDADO

Moisés describió también cómo Dios lo protege a usted del temor del dragón (Sal 91:13, RV60). El dragón, en el lenguaje original hebreo, se refería a un monstruo marino o terrestre, una ballena o una criatura serpenteante.

Cuando estaba en la escuela, miraba los mapas de civilizaciones antiguas que tenían figuras de dragones. Los marinos que exploraban el mundo no iban a los lugares donde se localizaban los dragones. Tenían temor de ir más allá de un cierto punto que no había sido explorado por temor a ser devorados por un monstruo marino.

Ésa es la manera en que el diablo trata de intimidarlo. Él evita que usted vaya más allá de un cierto punto en su caminar con Dios mediante el temor a lo desconocido. "No sueñes más allá de este punto. No busques alcanzar algo más, porque el dragón te devorará", él le susurra para impedir que usted persiga su sueño. Pero con Dios, no hay límites, sólo posibilidades.

Como los hijos de Israel estaban en medio de un desierto, parecía sumamente improbable que tuvieran que enfrentarse con un dragón. No obstante, Dios quería que ellos supieran que estaban protegidos de una bestia tan aterradora.

Esta improbable amenaza del dragón representa sus *infundados* temores de ser atacado. Aunque la posibilidad de este ataque sea remota, la amenaza del enemigo puede intimidarlo en su mente. Usted sufre los mismos dolores de preocupación y temor que si fuera a ocurrir.

Ataques infundados. Temores infundados. Usted tiembla por dentro y dice: "Sé que va a ocurrir. Me ha ido bastante bien durante un tiempo, pero recuerdo a mi papá. A él le fue bien por un tiempo, y después lo echó todo a perder. Yo podría ser como él".

Satanás trata de plantar en su mente toda clase de infundados temores y preocupaciones sobre cosas que son sumamente improbables. Él le dirá que usted lo va a perder todo, que sus hijos se van a ir al infierno o que usted tiene cáncer en alguna parte del cuerpo. Su meta es asustarlo con temores infundados. Pero el poder de Dios es mayor que los temores infundados de Satanás.

¿Recuerda cuántas de sus preocupaciones son válidas? Apenas el 8 por ciento tiene siquiera probabilidad de ocurrir alguna vez. La mayor parte de la preocupación y el temor realmente son mucho ruido y pocas nueces. Sin embargo, Satanás es un experto en pintar imágenes de desastres inminentes.

Ve un accidente aéreo en las noticias televisivas de la noche, y usted tiene planeado volar al día siguiente. Su corazón se empieza a acelerar, y evalúa cancelar su vuelo. O un pariente tiene un infarto, y, de pronto, usted siente que su corazón está latiendo de manera extraña. Es necesario que cambie esa imagen diabólica de su mente y corra hacia la seguridad que usted tiene a la sombra de Cristo.

> ## CAZADORES DEL MIEDO
> "¡Él está bajo la sombra del Omnipotente! ¡Tenemos que rescatarlo!"

Sus temores infundados pueden implicar sus relaciones personales. Oye la conversación de alguien, o piensa en la forma en que alguien lo miró y el diablo le hará pensar que todos los que están en la sala están hablando de usted. Relájese un poquito. Usted no es tan importante para todos. (Hablando de mí mismo, no medito demasiado tiempo en ninguna de las respuestas de mi congregación. Si lo hiciera, podría tener quince o veinte golpes llegándome al mismo tiempo.) Ése es el dragón del temor pintando en su cabeza infundadas imágenes de temor.

Usted debe gritarle la verdad de las Escrituras. Dígale al diablo que sabe que Dios lo ama, sin importar lo que la gente piense de usted. Declárele que usted no va a fracasar. Use los cazadores del miedo de la Palabra de Dios, y declare que está siendo "transformado… de gloria en gloria" (2 Co 3:18).

Dígale al enemigo que el Señor es el autor y el consumador de su fe (He 12:2). ¡Él es su El Shaddai!

Dios no le prometió que usted nunca iba a tener problemas. Pero quiere que sepa que cuando vengan los problemas, no debe temerlos nunca. Ningún temor puede existir en su amor cuando usted mora bajo su sombra.

Dios quiere que sepa que cuando usted entra bajo la protección de su sombra, Él irá a todos los extremos para cuidarlo. No importa si está lidiando con el ataque esperado del león, o el ataque inesperado de la víbora. No importa si está enfrentando el temor del ataque infundado de un dragón. Sólo invoque el nombre del Señor, y Él lo rescatará.

VIVIR A LA SOMBRA DE LA SEGURIDAD

Vivimos en un mundo donde hay amenazas de pérdida económica, tiroteos al azar, y secuestros de niños. Divorcios, adicción a las drogas, cáncer, filosofías ateas de la nueva era, destrucción nuclear y muchas otras formas del mal que hostigan nuestra vida.

No basta con *visitar* la sombra de Dios cuando usted está en problemas. Tiene que hacer de la presencia de Dios su propio hogar. La clave del cántico de Moisés es aprender a morar en el lugar secreto, morar bajo la sombra del Omnipotente. Para escapar de los ataques del enemigo, es necesario seguir principios bíblicos para vivir continuamente en la seguridad de la sombra de Dios.

Confesión

Suelo decirle a mi congregación que "hablar del demonio" trae al demonio a la escena, y que "hablar de Dios" trae a

Dios. Siempre habrá cosas que tratarán de atacarlo para sacarlo de la presencia de Dios, de debajo de su sombra. Pero confesar la verdad de la Palabra de Dios evitará que usted ceda ante las mentiras del enemigo.

> ## CAZADORES DEL **MIEDO**
>
> En Él vivimos, y nos movemos y somos.

Cuando declara victoria, usted libera el poder de Dios para la victoria. Cuando declara derrota, eso es lo que logrará. Para vivir en la presencia de Dios tiene que confesar el poder de Dios para protegerlos a usted y a su familia. Tiene que conseguir algunas estacas de la Palabra de Dios para clavarlas en su mente y seguir hablando la verdad. Declare las promesas de Dios para su vida.

Adoración

El apóstol Pablo declara de Cristo: "En él vivimos, y nos movemos y somos" (Hch 17:28). Dios quiere que usted viva en constante comunión con Él. Así es como usted recibe su continua provisión y protección.

Cultive su comunión aprendiendo a adorar a Dios en espíritu y en verdad. El alabar a Dios y agradecerle por su amor y provisión lo mantiene dependiente de Él. Es necesario que reconozca que Él es su fuente de vida. Eso lo mantendrá en la búsqueda de Dios y viviendo bajo su sombra.

Moisés no tuvo circunstancias muy pacíficas en su vida. Guió a más de dos millones de personas durante cuarenta años a través del desierto. La Biblia dice que el pueblo se quejaba y se rebelaba contra él. A veces querían regresar a Egipto o deshacerse de Moisés. Sin embargo, Moisés es llamado el hombre más manso de la tierra.

¿Cómo lo hizo? Había aprendido a morar en la presencia de Dios. Cuando él entraba a la tienda para tener comunión con Dios, todo el pueblo se paraba a la puerta de sus tiendas para ver lo que Dios haría. Ellos sabían que él había aprendido a tener comunión con Dios y a escuchar su voz.

El enemigo sabe si usted mora bajo la sombra o sólo la visita cuando está en problemas. Sabe que sus ataques no son eficaces cuando usted mora en la seguridad de la presencia de Dios. Su comunión con Dios lo mantendrá a usted allí.

Convertirse en una sombra emplazada

Cuando Dios derrama su vida en usted, lo renueva y lo bendice, Él tiene un propósito que va más allá de su propio bienestar. Él quiere que usted se convierta en una sombra emplazada para la experiencia de desierto de los demás. Él permitirá que las personas empiecen a tirar de la cuerda de su tienda. Luego, espera que usted les abra su corazón y vierta en ellos la verdad que ha recibido.

Dios quiere que usted comparta con otros la libertad que ha encontrado en Cristo. Él le ayudará a guiarlos hacia Cristo y a enseñarles cómo morar bajo su sombra. Conocerá el gozo de ver sus vidas liberadas del temor y de la destrucción del enemigo.

> ## CAZADORES DEL MIEDO
>
> Dígale al enemigo que el
> Señor es el autor y
> consumidor de su fe.

Cuando Pablo y Silas, encarcelados, alababan a Dios a la medianoche, Dios envió un terremoto que abrió las puertas de la cárcel. Sin embargo, ellos no se escaparon como hombres libres. Se quedaron allí, y les hablaron a los prisioneros y al carcelero de la maravillosa libertad en Cristo que ellos habían hallado. Guiaron a Cristo al carcelero y a toda su casa.

¡Usted debe recordar que fue liberado para traer liberación a otros! Dios quiere derramar su vida y su poder a través de usted. Él lo usará para que se convierta en una sombra emplazada para rescatar de la destrucción a su familia, amigos y otras vidas preciosas.

Lo animo a aprender a morar bajo la sombra del Omnipotente. Permita que su corazón responda al amor de Dios, quien desea rescatarlo y protegerlo. Su responsabilidad es invocar su nombre y pedir su divina ayuda.

Amado Señor Jesús: gracias por el lugar seguro que has provisto para mí por medio de tu muerte en el Calvario y tu resurrección. Jesús, ahora invoco tu nombre para que me ayudes. Rindo mi vida a tu cuidado. Permíteme conocerte como mi El Shaddai. Por favor, conviértete para mí en la sombra del Omnipotente, mi divino lugar a salvo del mal.

Enséñame a vivir allí en constante compañerismo y comunión contigo. También te pido que me hagas una sombra emplazada para otros que necesitan encontrar un lugar seguro en ti. Gracias, Jesús. Amén.

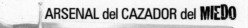

ARSENAL del CAZADOR del MIEDO

Jehová es mi roca y mi fortaleza, y mi libertador… Mi alto refugio.

—2 Samuel 22:2-3

Invocaré a Jehová, quien es digno de ser alabado, y seré salvo de mis enemigos.

—Salmo 18:3

E invócame en el día de la angustia; te libraré y tú me honrarás.

—Salmo 50:15

Porque tú has sido mi refugio, y torre fuerte delante del enemigo.

—Salmo 61:3

Los guió con seguridad, de modo que no tuvieran temor.

—Salmo 78:53

Mis cazadores del miedo personales

_____

_____

_____

_____

_____

_____

_____

_____

_____

_____

_____

_____

_____

_____

_____

_____

_____

_____

_____

_____

4

SU BATALLA DE LA FE

DESDE SU LUGAR seguro a la sombra del Omnipotente, es necesario que usted sepa cómo ganarle al temor peleando la buena batalla de la fe. Por fe, usted invocó el nombre del Señor, y Él lo rescató. Ahora, usted tiene que asumir la responsabilidad de dejar que su fe en Dios crezca para vencer el temor y vivir en victoria en cada situación que afronte en la vida.

Su fe en la protección y la provisión de Dios es un poderoso cazador del miedo para liberarlo de los ataques del enemigo. El temor activa la obra de Satanás en su vida. Del mismo modo, la fe activa la obra de Dios en su vida. Dicho de manera sencilla, la fe atrae a Dios mientras que el temor atrae a Satanás. El temor se convierte en un conducto de la destructividad de Satanás hacia su vida. La fe es el conducto por el cual fluye el poder sobrenatural de Dios hacia su vida.

Jesús se refirió al diablo como el ladrón que viene a "hurtar y matar y destruir" (Jn 10:10). Y Jesús se refirió a sí mismo como Aquel que vino a dar vida y vida en abundancia. Así que cuando usted libera su fe, está liberando la vida abundante de Dios en su situación.

La Biblia nos dice que peleemos la buena batalla de la fe (1 Ti 6:12). No siempre es fácil estar lleno de fe cuando el temor está tratando de atacarlo. ¿Está usted en una lucha de fe por su futuro, su matrimonio o sus finanzas? Entonces sepa que a menos que gane esa batalla de la fe, lo que teme puede volverse realidad, lo cual puede derrotarlo en su caminar con Dios.

A fin de ganar su batalla de la fe, usted tendrá que sobreponerse a lo que los cinco sentidos le están diciendo. Su mente y sus emociones están ligadas a los cinco sentidos, y el temor lo ataca a través de lo que ellos le dicen. Usted no debe dejar llevar por el temor que trata de gobernar sus cinco sentidos. Tiene que comprometerse en una lucha de fe basada en la verdad de Dios a pesar de lo que sus sentidos le digan.

¿Lo que usted ve y oye gobierna su vida? ¿Determina sus decisiones? ¿Controla sus sentimientos? Entonces, debe vencer a estos "reyes" por medio de la fe a fin de recibir las promesas de Dios para su vida.

VENCER A LOS CINCO REYES

Josué guió a los hijos de Israel en la batalla contra cinco reyes que estaban tratando de hacer guerra contra ellos en la Tierra Prometida. Estos cinco reyes estaban determinados a derrotar a Israel y robarle su herencia. Dios estaba con Josué y con el pueblo, y los ayudó a derrotar a estos ejércitos.

Pero los cinco reyes huyeron y se escondieron en una cueva, temiendo por sus vidas. Cuando fueron descubiertos, Josué les dijo a sus guerreros que los sacaran de la cueva. Luego dijo a sus capitanes que pusieran sus pies sobre el cuello de esos reyes. Él dijo: "No temáis, ni os atemoricéis; sed fuertes y valientes, porque así hará Jehová a todos vuestros enemigos contra los cuales peleáis" (Jos 10:25).

¿Sabía que sus cinco sentidos son sus enemigos? Así como esos cinco reyes que querían gobernar a Israel, usted terminará desmayando si permite que sus cinco sentidos gobiernen su vida. Desmayar significa "ser desgarrado", "desmoronarse". El diablo quiere desgarrar su mente y robarle su paz. Quiere desgarrar sus emociones y ocasionarle una crisis nerviosa. Él opera para desgarrar su familia. La buena noticia es que no tiene que desmayar; Dios no quiere que usted se desmorone.

Primero, Josué ordenó a sus capitanes que sacaran a esos reyes de la cueva oscura donde estaban escondidos. Luego, tenían que poner su pie sobre el cuello de esos enemigos. Tenían que confrontarlos, someterlos. Les estaban declarando: "¡Ustedes no gobernarán nuestras vidas!".

Creo que estos cinco reyes representan la batalla de la fe en la cual estamos hoy en día. Representan lo que vemos, oímos, olemos, gustamos y tocamos en el mundo natural. Usamos los cinco sentidos para determinar lo que está ocurriendo en el mundo que nos rodea. Dios nos los dio con ese propósito. Pero se vuelven tiranos del temor si creemos todo lo que nos dicen y les permitimos que gobiernen nuestra vida.

Cuando usted oiga un informe negativo de un médico, no permita que lo que oye ponga temor en su corazón. Cuando vea que la economía se viene abajo, no deje que lo que ve le robe su fe en la provisión de Dios. Cuando se sienta mal, no permita que le digan que tiene cáncer. Tiene que rehusarse a que los cinco sentidos gobiernen como reyes en su mente y su corazón.

Josué les estaba diciendo a sus capitanes que no se atemorizaran. No se desmorone cuando estos cinco reyes se manifiesten en su vida. Póngales el pie en el cuello y sométalos. Tiene que determinarse desde este día en adelante a vencer a los cinco reyes de sus sentidos para vivir en victoria sobre el temor. Es necesario que usted permita que su fe gobierne su mente y corazón. Su fe tiene que regir sobre los sentidos en cada situación de la vida.

¡Gracias a Dios por la fe que obra como un sexto sentido en cada persona que cree en Jesucristo! La Biblia dice que caminamos por fe, no por vista (2 Co 5:7). La fe es nuestro sexto sentido, y dice: "A pesar de lo que veo, a pesar de lo que oigo, a pesar de lo que siento, o de lo que puedo tocar u oler, creo que todo va a estar bien. ¡Estoy sintonizado con otro sentido!".

Es este sentido de la fe el que me permite saber que no tengo que vivir mi vida con temor y confusión. No tengo que atemorizarme en la vida por lo que me digan mis sentidos. Dios me dará victoria sobre mis sentidos cuando el enemigo intente llenarme de temor. Puedo poner sus "cuellos" bajo mis pies y caminar por fe, declarando la victoria de Dios en esa situación atemorizante.

Sus cinco sentidos son los asesinos de la fe. A menos que ponga a estos "reyes" bajo sus pies, el enemigo le robará su promesa, su sueño, y todo lo que Dios le ha dado. Usted tiene que ser movido por la fe, no por el temor. No tiene que ser movido por las emociones que se basan en lo que le dicen los sentidos. Si permite que los sentidos gobiernen, será una persona derrotada, esquizofrénica, destrozada, ¡en un momento arriba, y al siguiente, allá abajo!

Su batalla de la fe requerirá que usted aprenda mantener el pie sobre el cuello de los cinco sentidos.

¿QUÉ HUELE?

¿Recuerda cuando los tres muchachos hebreos fueron arrojados al horno de fuego porque no se inclinaban para adorar un ídolo? (Vea Daniel 3.) Ellos declararon que Dios podía librarlos de esa sentencia de muerte. Pero aunque no lo hiciera, ellos no iban a adorar a otro dios.

El rey ordenó que el horno fuera calentado siete veces más por esa insolencia. Estaba tan caliente que los hombres que los arrojaron dentro murieron inmediatamente. Esos jóvenes temerosos de Dios tenían que pasar por ese suplicio. No podían escapar de él.

A veces, Dios permitirá que usted pase por una prueba en vez de evitársela. Pero su fe en Dios permitirá que Él lo saque de allí. ¡Él lo librará de tener que pasarla o lo sacará de ella! ¡Caminar en fe es una situación en la que usted siempre gana!

Lo que me asombra es que cuando estos muchachos hebreos fueron arrojados al horno, estaban atados. Sin embargo, cuando el rey miró dentro del horno, vio cuatro hombres caminando, libres de sus ataduras. Fueron liberados de las cuerdas que los ataban. ¡Aparentemente, lo único que ese fuego mortífero pudo tocar fueron sus ataduras!

> ## CAZADORES DEL MIEDO
> ¡El caminar en fe es
> una situación en la que
> usted siempre gana!

Las Escrituras dicen que cuando el rey les ordenó a los tres hebreos que salieran del horno, el fuego no había tenido poder sobre sus cuerpos. Su cabello no se había chamuscado y ni siquiera tenían olor a humo. Aunque caminaron en un horno de fuego, ni siquiera olían como si hubieran estado allí.

El aroma de la alabanza

No importa cuán ardiente sea el fuego que debe atravesar, o cuán difícil la prueba, usted no tiene que *oler* como lo que ha cruzado. Algunas personas pasan por el divorcio, y veinte años después todavía *huelen* a eso. Otros pasan por un mal negocio, y años más tarde todavía se están quejando y depresivos por esa causa. Usted debe ganar la victoria sobre el olor de sus circunstancias. No tiene que vivir como si hubiera caminado por el fuego.

Algunas personas me recuerdan al abuelo cuyo nieto le frotó queso Limburger en los bigotes mientras dormía. Cuando se levantó, respiró profundamente, y dijo: "¡Uf! ¡Esta habitación apesta!". Bajó a desayunar y respiró profundamente otra vez, y dijo: "¡Uf! ¡Esta cocina apesta!". Cuando salió al patio y percibió el mal olor, dijo: "¡Uf! ¡El mundo entero apesta!".

¿Sabe usted que su actitud puede oler a negativismo y derrota de modo que siente como si todo apestara? Es necesario que eleve sus ojos a Dios y se limpie los efectos del queso Limburger. Declare por fe que Dios está con usted y que usted pasará por su prueba ardiente sin que se le pegue siquiera el olor a humo.

Lo que realmente ocurre en esa prueba de fuego es que sus ataduras se queman y desaparecen. Cuando Dios lo libera en el fuego usted queda libre para levantar sus manos y alabar a Dios. Es necesario que permita que el aroma de la alabanza sea como el incienso en su vida, un sacrificio al Dios vivo. Puede vivir en una libertad mayor y regocijarse por aquello de lo que fue liberado en la prueba de fuego.

La Biblia dice que cuando Dios percibía el olor de los animales sacrificados en el altar, era olor grato a Él (Lv 2:2). Cuando usted coloca su naturaleza carnal en el altar, rehusando permitir que los sentidos gobiernen su vida, Dios dice que eso es un aroma grato a Él. Usted podría decir: "¡Eso apesta! ¡Yo detesto mi vida!". Pero a Dios le agrada el aroma de su naturaleza carnal sacrificada a Él. Eso permite que la vida de Dios reine en su vida. A Él le agrada ver que usted mengua para que Él pueda aumentar la victoria de la fe en su corazón. Dios quiere oler el aroma de alabanza de sus labios por haber traído liberación a su vida.

La victoria sobre el olor de la muerte

Cuando Lázaro murió, Jesús no apareció en escena hasta después de cuatro días. Cuando les dijo a Marta y a María que hicieran rodar la piedra de la tumba, ellas protestaron. Le dijeron a Jesús que ya hedía por el olor de la muerte. Antes de que Jesús lograra la victoria en la situación de esa familia, tuvo que poner su pie sobre el cuello del rey del olor.

Habían visto a Jesús hacer milagros y hasta resucitar muertos, pero no lo habían visto actuar en el ámbito del "hedor". Estaban convencidas de que ya era demasiado tarde para que interviniera. Usted puede sentir que su situación apesta y que es demasiado tarde para que lo ayuden. Usted tiene que poner su pie sobre ese rey del olor que le dice que todo terminó.

Usted puede estar sintiendo que su matrimonio apesta, sus finanzas apestan o su salud apesta. Quizás ha estado pasando por una situación de fuego y todavía "huele" como aquello por lo que ha pasado. Jesús les dijo que si sólo podían creer en Él, les daría un milagro de resurrección como nunca habían visto.

La fe no es condicionada por cuánto tiempo pasó o quién dice que es demasiado tarde. ¡Dios es el Dios de la resurrección! Él puede hacer que las cosas muertas vuelvan a vivar vez, por muy fuerte que sea el "hedor". Si usted sólo puede poner el pie sobre el cuello de ese rey que "huele" tan mal y creer en Él, su milagro estará en camino.

Jesús declara: "Nunca es demasiado tarde para la fe". Comience a alabar a Dios por lo que Él va a hacer. El olor a humo no se va a quedar con usted el resto de su vida. Aquello por lo cual ha pasado no tiene que definir su presente ni su mañana. ¡Dios puede liberarlo hasta del olor de la muerte!

¿QUÉ LE DICEN SUS SENTIMIENTOS?

¿Recuerda la historia de Isaac bendiciendo a sus hijos cuando se había quedado ciego y estaba próximo a su muerte? (Vea Génesis 27.) Cuando Jacob, el hijo menor, quería robarse la primogenitura de su hermano mayor, su madre lo ayudó a disfrazarse como Esaú. Esaú era un hombre peludo, y Jacob tenía una piel lampiña. De modo que Rebeca envolvió las manos de Jacob con piel de cabra y le trajo las ropas de Esaú para que se las pusiera.

Jacob fue a ver a su padre, fingiendo ser Esaú. Isaac le pidió que se acercara para poder sentirlo. Isaac le dijo que se oía como Jacob pero se sentía como Esaú. Pero Isaac decidió confiar en lo que sentía en vez de lo que oía en el sonido de la voz de Jacob.

CAZADORES DEL **MIEDO**

Nunca es demasiado tarde
para la fe.

Lo que usted oye importa. La Biblia dice que la fe viene por el oír la Palabra de Dios (Ro 10:17). Cuando usted oye la verdad, debe creerla. Pero Isaac decidió confiar en lo que sentía por sobre lo que oía. Tomó la decisión equivocada y dio la primogenitura destinada para el hijo nacido primero a su segundo hijo. Fue engañado por lo que sintió.

¿Alguien le ha dicho alguna vez: "No seas tan susceptible."? Esa frase describe la falacia de sus sentimientos que malinterpretan las situaciones y reaccionan de manera egoísta ante ellas. Por supuesto, su sentido del tacto es útil para su vida natural, pero no debe permitir que los sentimientos que residen en sus emociones gobiernen su vida. Usted no puede confiar en esos sentimientos en vez de hacerlo en la fe. No siempre responden a la verdad y pueden engañarlo.

"Bueno, Pastor, hirieron mis sentimientos, así que no he hablado con mi familia por más de un año." ¡Supérelo! Aprenda a perdonar. Rehúse ser ofendido. ¡Practique el amor! Ponga el pie en el cuello de los sentimientos que le están robando sus relaciones.

Si usted permite que los sentimientos gobiernen su vida, la destrozarán. ¡Ese rey lo derrotará! "Bueno, ya no siento a Dios." No importa lo que sienta. La victoria no es un sentimiento, es un acto de fe. La fe es más poderosa que sus sentimientos. A veces, me siento salvo, y a veces no. Pero soy salvo por fe, no por sentimientos.

¿Alguna vez pensó en el arca de Noé y en el año de confinamiento que esas ocho personas pasaron con todos esos animales? Usted no lee de luchas entre los animales o las personas. Sabían que estaban en una terrible tormenta, y sobrevivían en el mismo barco, y que tenían que estar juntos los unos con los otros. Deben de haber tenido toda clase de sentimientos en ese entorno no natural, pero no se atrevieron a permitir que los destrozaran.

Cuando usted esté en una prueba tormentosa, no permita que el enemigo irrite sus sentimientos. La tormenta que enfrentamos en el mundo de hoy hace que sea importante para nosotros permanecer en el arca de la seguridad. Como miembros del cuerpo de Cristo en la iglesia, no necesitamos gruñirnos los unos a los otros ni herir nuestros sentimientos. Sus lindos sentimientos pueden hacer que pierda el plan de Dios para su vida.

Creo que lo último que Dios le dijo a Noé cuando cerró la puerta del arca fue que se asegurara de mantener a los pájaros carpinteros encima de la línea de flotación. Porque en toda arca —iglesia— hay algunos pájaros carpinteros que quieren ir por debajo de la línea de flotación y hundir todo el barco. Se hieren sus sentimientos por lo que alguien dijo. O quieren un puesto. O tienen una opinión, y si no se va por ese camino, quieren derribarlo todo.

No sea un pájaro carpintero que permite que sus sentimientos hieran a otros. No ceda ante sus sentimientos; ceda ante la fe. Derrote al rey de los sentimientos ejercitando su fe en la Palabra de Dios.

¿USTED CREE LO QUE VE?

¿Ha sido derrotado debido a lo que ve con sus ojos? ¿Ha sido malograda la promesa de Dios porque usted eligió creer lo que veía en vez de lo que Dios le había prometido? Usted la puede recuperar si decide rehusarse a creer lo que le dicen sus sentidos y camina por fe en las promesas de Dios.

La vista es un "rey" poderoso que gobierna por medio de sus sentidos. Cuando Jacob era anciano y sus hijos le trajeron la túnica de muchos colores de José, creyó lo que le decían sus ojos. Los hermanos habían vendido a José para deshacerse de él. Pero ellos mojaron la túnica de José en la sangre de un cabrito para que pareciera que había sido atacado por una bestia salvaje.

Jacob vio esa túnica ensangrentada y declaró que una mala bestia había devorado a su hijo. Ese era el cuadro que los celosos hermanos de José habían pintado para su acongojado padre. Él dijo: "Sin duda José ha sido despedazado" (Gn 37:33, LBLA).

Sin duda significa creer con fe perfecta. Pero no era verdad, aunque era totalmente creíble a los ojos de Jacob. Su experiencia muestra que es posible tener una fe perfecta en una mentira. Jacob imaginó el destino de su hijo basado en la evidencia que vio con sus ojos. Él no sabía que lo que estaba viendo era una mentira.

En realidad, José estaba vivo, y se hallaba en una posición eminente en Egipto, lo cual le permitía preparar cargas de alimentos para enviar a su familia para que sobreviviera. Pero su padre vivió todos esos años con dolor porque había puesto una fe perfecta en una mentira.

¿Usted tiene más fe en una mentira que en una verdad? Vio la radiografía y decidió creer lo que usted y el médico están viendo. Tiene que decidir si va a creer lo que el médico dice o declarar la Palabra de Dios por fe. Quizás perdió su empleo y la economía está empeorando. ¿Les creerá a las circunstancias económicas que ve o pondrá su fe en el Dios que promete suplir todas sus necesidades?

Cuando el profeta Eliseo era perseguido por un gran ejército de caballos y carros, su criado vio la multitud y gritó desesperado: "¿Qué haremos?" (2 Reyes 6:15). Eliseo le dijo a su criado que no tuviera temor. Luego, pidió al Señor que abriera los ojos de su criado para que viera lo que él veía, y el joven vio las laderas de las montañas llenas de caballos y carros de fuego alrededor de Eliseo. Los ángeles del Señor venían a defenderlos del enemigo, ¡y lo tenían rodeado!

Si sólo mira al nivel del suelo, se perderá lo milagroso. Dios no quiere que sus sentimientos se desmoronen por lo que ve a su alrededor. Quiere que lo mire a Él y que sepa que, en sus momentos más oscuros, no tiene que asustarse. Puede estar seguro de que su ayuda viene del Señor.

Puede no estar viendo nada alentador en este preciso momento. Pero no mire solamente los problemas; ¡mire las promesas de Dios! No vea sólo al enemigo; ¡vea los ángeles de Dios! No considere sólo las dificultades, ¡considere al Señor! Ponga su pie en el cuello de lo que está viendo y declare: "¡Viviré por fe y no por vista!".

Jesús nos dice que en los últimos días, veremos venir cosas terribles sobre la tierra. Veremos guerras y rumores de guerras y toda clase de desastres naturales como estamos viendo ahora. Pero Él dijo que en vez de temer los dilemas del mundo, es tiempo de levantar la cabeza porque la redención está muy cerca. Estos problemas del mundo son sólo señales para que nosotros nos levantemos y veamos cumplirse la Palabra del Señor.

No permita que lo que ve con sus ojos naturales lo engañe. ¿Oyó acerca del muchachito que recibió una nueva pelota de fútbol blanca para Navidad? Estaba pateando en su patio, e incidentalmente cayó en el patio de su vecino. Su vecino tenía un gallinero. Cuando el gallo vio el gran fútbol blanco

71

lo hizo rodar hasta su gallinero, llamó a todas las gallinas para que lo vieran. Dijo: "Vamos chicas. Deben empezar de una vez. No significa que me queje, pero ¡esto es lo que están poniendo en la casa vecina!".

Simplemente usted no siempre puede confiar en lo que ven sus ojos. Podría estar poniendo perfecta fe en una mentira. Permita que su fe le diga lo que se supone que usted vea.

¿QUÉ HA OÍDO?

En su batalla de la fe, también va a tener que poner el pie sobre el cuello de lo que oye. Le aseguro que oirá muchas acusaciones y palabras desalentadoras. El enemigo le susurrará para que abandone, para que se dé por vencido porque de ningún modo lo podrá lograr. Él le declarará temor. "Tú vas a ir a la bancarrota. Vas a morir. Nadie te ama". Usted no puede permitir que lo que oye le robe su fe.

Elías le había anunciado al rey Acab la palabra del Señor de que no llovería por años (1 Reyes 17:1). Después de tres años sin lluvia. Todos hablaban de hambruna y se preguntaban cómo iban a sobrevivir. Oían que los animales morían y la gente gemía de hambre.

Pero Elías estaba oyendo el sonido de abundancia de la lluvia. Se había sintonizado para oír la voz del Señor una vez más. Elías decía: "Tengo un sexto sentido. Tengo mi pie sobre el cuello de todo lo que los demás están oyendo. Oigo algo más en el Espíritu. Oigo el sonido de la abundancia".

Cuando la economía se va al sur y todos oyen recesión, bancarrota y ejecución, ¿usted qué oye? ¿Con qué está sintonizado? Tiene que salir del temor y sintonizarse con la voz del Señor para su provisión.

Elías oyó la voz de Dios para su provisión sobrenatural durante la hambruna. Usted tiene que decidir si va a oír el sonido de la enfermedad, la muerte, y la derrota. ¿O va a oír el sonido de la salud, la vida y la victoria? Usted confiará en lo que oye en lo natural, o sintonizará su oído espiritual de fe para oír las promesas de Dios.

Nunca va a oír de la Palabra de Dios que no lo va a lograr. Nunca oirá que Dios no es fiel o que a Él no le importa. La Biblia enseña que a pesar de todo lo que oye alrededor, ¡la fe creerá siempre en la fidelidad de Dios y luchará por su victoria! Usted tiene que poner el pie sobre el cuello de todo lo que ha estado escuchando que sea contrario a la Palabra de Dios.

Cuando Jesús oraba para que el Padre glorificara su nombre, Dios el Padre le habló desde el cielo, y dijo: "Lo he glorificado, y lo glorificaré otra vez" (Jn 12:28). Algunas personas que estaban alrededor lo oyeron y pensaron que era un trueno. No podían reconocer la voz de Dios; sonaba como un ruido a sus oídos. ¿No es asombroso? Alguien puede oír la Palabra de Dios, y otro que está a su lado no oye más que barullo.

Lo que usted oye es importante. Usted debe decidir poner el pie sobre el cuello del barullo que oye y escuchar la Palabra de Dios para su vida. No escuche las sugerencias de derrota. ¡Comience a oír la promesa que le hace el Padre, de que su sueño va a vivir! Todo lo que tiene que hacer es poner su dubitativo oír debajo de sus pies.

¿Qué sabor siente usted?

¿Recuerda la historia de Eliseo durante el tiempo de hambruna en la tierra de Gilgal? (Vea 2 Reyes 4.) Él le dijo a su criado que hiciera un potaje para los hijos de los profetas que estaban hambrientos. Así que fueron a recoger hierbas silvestres y calabazas para hacer una olla de potaje. Pero cuando lo estaban comiendo, le gritaron al profeta que había muerte en la olla. Le sentían gusto a veneno y lo iban a tirar.

Eliseo tenía un remedio mejor. Pidió que le trajeran un poco de harina, que representa la Palabra de Dios, y la mezcló en la olla con el potaje. La Biblia dice que comieron el potaje, y no les hizo daño.

¿Qué "sabor" siente usted? ¿Sabe al temor de que su familia se separe? ¿O al temor a la muerte? A veces, el sabor de la amargura de las decepciones de la vida es como veneno para nosotros. ¿Qué hará cuando la ofensa, la falta de perdón y la amargura amenacen su matrimonio? ¿Lo aventará para deshacerse del veneno?

La Palabra de Dios tiene la respuesta para el sabor del veneno que ataca su vida. Él le da gracia para perdonar, para sanar de la ofensa, y quitar la amargura de la situación más difícil. Usted tiene que ponerla bajo sus pies por la fe.

Para vencer en su alma a este rey del gusto, tiene que aprender a perdonar a los demás. Si permite que la amargura tenga lugar en su vida porque las personas han difamado su carácter o criticado a su familia, eso lo destruirá. Algunos de ustedes tienen que perdonar a Dios por situaciones que no comprenden. Y algunos tienen que perdonarse a sí mismos por los pesares y los fracasos de su vida.

No deje que las pruebas amargas de la vida le dejen un mal gusto en la boca. La Biblia dice: "Gustad, y ved que es bueno Jehová; dichoso el hombre que confía en él" (Sal 34:8).

Dios quiere darle victoria sobre sus sentidos. Si usted es gobernado por sus sentidos, vivirá una vida de tormento. Pero la fe es mayor que esos cinco reyes. Como su sexto sentido, triunfará sobre toda mentira que sus sentidos traten de hacerle creer. A menudo, acechan en la oscuridad convenciéndolo de su poder. Usted tiene que sacarlos a la luz, poner el pie sobre sus cuellos, y rehusar permitir que lo gobiernen.

¿Qué está enfrentando? ¿Qué está oyendo? ¿Qué está viendo? ¿Qué está sintiendo? Dios es mayor que su peor temor o pesadilla. Sólo tiene que dejar que el sexto sentido de la fe opere en su vida.

Sus sentidos harán que usted viva con temor. Si solamente cree lo que ve, oye, siente, huele o gusta en el ámbito natural de su alma, perderá la realidad espiritual que la fe quiere darle. Dios quiere que sepa que Él lo ama. Él sabe todo de usted, y a pesar de eso, ¡Él está de su parte!

Aunque otros puedan ver basura, Dios ve tesoro en usted. Eso es lo que Él vio en mí cuando nadie más lo veía. Cuando ni siquiera yo lo veía, Él vio tesoro. Permita que su fe vea lo que Dios ve en usted. No confíe en lo que ve, oye y siente acerca de usted mismo.

Pelee la batalla de la fe. Tome autoridad sobre el ámbito natural de los sentidos. Cuando esté de acuerdo con la Palabra de Dios en vez de con sus sentidos, será victorioso en la vida. Caminará en un territorio de milagros que usted no sabía que fuera posible. ¡Su sueño vivirá si permite que la fe pelee la batalla por usted!

¡SU FE PELEARÁ POR USTED!

La fe sabe cómo ganar. La fe nunca ha perdido una batalla. Si no lo cree, pregúntele a Moisés, que enfrentó el Mar Rojo. Pregúntele a David, que escapó de Saúl por su vida. Pregunte a Daniel, que fue arrojado a un pozo con un león. Su fe es un arma divina que derrotará todo ataque del enemigo. Se tragará el temor y le permitirá caminar en los propósitos de Dios.

> ### CAZADORES DEL **MIEDO**
>
> La fe nunca ha perdido
> una batalla.

David declaró que podía desbaratar ejércitos y saltar sobre los muros por medio de la fe en Dios (2 S 22:30). He aprendido que por cada milagro que Dios me da, primero tengo que saltar sobre el muro de mis limitaciones impuestas por mí mismo que gritan: "¡No puedes hacer eso!".

Pero si doy el salto, sólo es cuestión de tiempo antes de que Dios me capacite para desbaratar un ejército y tomar la victoria. Sea una expansión en el ministerio o un desafío con mi familia, mi fe peleará por mí. ¡Y su fe peleará por usted!

Usted tiene que exponer esos pensamientos que oye en su mente y dicen: "Es inútil. Es imposible". Tráigalos a la luz, y vea cómo son a través de los ojos de la fe. Ellos forman el muro que usted debe saltar en fe para recibir el milagro de Dios.

La fe lucha contra el temor ¡y gana!

Como creyente, su fe en Dios pelea contra el temor como los glóbulos blancos luchan contra la infección en su cuerpo. Destruye la infección y la causa no deseada de la enfermedad. Esto es lo que ocurre cuando el temor ataca y usted declara la Palabra de Dios:

> "Fe, ¿a dónde estás yendo?"
>
> "Voy a pelear por el creyente que está siendo atacado por el temor. Están clamando a Dios, ¡y mi misión es erradicar la fuente de su temor!"

La Biblia dice que el temor de Dios es limpio (Sal 19:9). Cualquier otro temor es sucio y tiene tormento. Caminar en el temor del Señor es fe en acción. Nos libera del temor al futuro, del temor al fracaso y de todo temor que atormenta. Su fe peleará contra todo temor, ¡y siempre ganará!

La fe pelea contra los sentimientos ¡y gana!

Usted no tiene que ser gobernado por sentimientos negativos. En realidad, ninguno de los cinco "reyes" de nuestros cinco sentidos es un competidor para el poder de la fe liberado en su vida. La fe alaba a Dios por la respuesta antes de que ésta llegue. Pisa sobre el cuello de toda mentira que se opone a los propósitos de Dios para su vida. La fe puede mover montañas y siempre hace la voluntad de Dios en usted y para usted.

Lo animo a orar conmigo para permitir que la fe —su sexto sentido— destruya el poder de esos cinco "reyes" sobre su vida:

En el nombre de Jesús, vengo a ti, Señor, y te pido que la sangre de Jesús me limpie de todo viejo "humo" que he arrastrado desde aquello por lo que pasé. Ayúdame a poner el pie sobre el cuello de los cinco sentidos que ven y oyen mentiras y creen que son verdades. Ayúdame a destruir los sentimientos que me hacen dudar de tus promesas. Quita de mi corazón el sabor amargo de las heridas, ofensas y falta de perdón. Pongo el pie sobre el cuello de cada rey que trata de detener el propósito de Dios en mi vida. Pelearé la batalla de la fe y tomaré la victoria. Gracias, Señor. En el nombre de Jesús, amén.

Su batalla de la fe

En Dios haremos proezas, y él hollará a nuestros enemigos.

—Salmo 60:12

Antes, en todas estas cosas somos más que vencedores por medio de aquel que nos amó.

—Romanos 8:37

Mas gracias sean dadas a Dios, que nos da la victoria por medio de nuestro Señor Jesucristo.

—1 Corintios 15:57

Con Cristo estoy juntamente crucificado, y ya no vivo yo, mas vive Cristo en mí; y lo que ahora vivo en la carne, lo vivo en la fe del Hijo de Dios, el cual me amó y se entregó a sí mismo por mí.

—Gálatas 2:20

Sed sobrios, y velad; porque vuestro adversario el diablo, como león rugiente, anda alrededor buscando a quien devorar: al cual resistid firmes en la fe.

—1 Pedro 5:8-9

Mis cazadores del miedo personales

_____

_____

_____

_____

_____

_____

_____

_____

_____

_____

_____

_____

_____

_____

_____

_____

_____

_____

_____

5

LA LUCHA POR SU FAMILIA

E s obvio que la primera prioridad de los ataques de Satanás en el siglo veintiuno es su familia. Si su familia es la principal prioridad del enemigo, ¿no debería ser también la suya? En estos tiempos difíciles, usted debe luchar por los valores que sostiene y el estilo de vida bíblico y moral al que se ha consagrado.

Un hijo es lo único eterno que un hombre y una mujer pueden crear. Cuando usted sostiene en sus brazos ese pequeño bebé que Dios le dio, está sosteniendo un alma eterna. Estará vivo miles de años desde ahora en algún lugar. Usted debe luchar por el alma de ese niño sin importar qué ataque del enemigo venga contra él.

¿El temor se aferra a su corazón cuando ve a sus hijos luchar con la presión de sus compañeros? ¿Con la tentación de ceder a estilos de vida destructivos? No permita que el temor lo abrume. En lugar de eso, es necesario que luche en oración por su familia. Dios está con usted, y hará milagros para usted cuando ore por su familia.

Así es como luchamos por nuestra familia. El mundo no va a invadir nuestro hogar sin que nosotros lo sepamos. Estamos constantemente asegurándonos de lo que están haciendo nuestros hijos. Cualquier padre que se retire en tiempos como estos, escondiendo su cabeza en la arena, como dice el refrán, será testigo de cómo el infierno invade su hogar. Mediante la vigilancia y la oración, podemos mantener seguros a nuestros hijos.

Cuando la televisión, la Internet, MySpace y Twitter abren a sus hijos un mundo de maldad, ustedes como padres no pueden ser neutrales ni estar ausentes de la vida de sus hijos. Usted debe luchar contra los planes de destrucción del enemigo. No sirve de nada preocuparse; usted tiene que hacer guerra.

Como padres de cinco hijos, mi esposa y yo examinamos constantemente las computadoras, el Facebook y los teléfonos celulares. Mis hijos saben que yo pago sus teléfonos celulares y que voy a leer sus mensajes de texto. Saben que no pueden

tener ningún código secreto que yo no pueda controlar.
Como dice mi esposa: "Nuestros hijos no tienen una vida
privada". Cuidamos activamente su mente y corazón del mal
para mantener nuestro hogar como un lugar seguro para que
ellos crezcan.

Me encanta lo que un ministro visitante le dijo a nuestra
congregación sobre proteger del mal a nuestros hijos por
medio de la oración. Dijo: "Estoy convencido de que no
podemos evitarles a nuestros hijos sus testimonios. Cuando
uno de mis hijos estaba probando algo loco, Dios me dijo
que le dijera a la gente que me preguntaba por el muchacho:
'Él está trabajando en su testimonio'".

Cuando Dios lo libera del mal, le da un testimonio.
Cuando sus hijos son tentados a pecar, podemos clamar a
Dios, comprometernos en la batalla de la fe y ver cómo la
tentación más grande se transforma en un glorioso testimonio. Si usted pelea, Dios peleará por usted.

Cuando usted elija vivir rectamente y aceptar la batalla
de la fe, Dios peleará por su familia. Le ayudará a preparar
un lugar seguro adonde puede escapar de la corriente de
iniquidad que se está levantando en la tierra. Tiene que
pelear la buena batalla de la fe y enfrentar todo temor y
amenaza para su familia. Mis padres aprendieron el secreto
de preparar un lugar seguro para su familia y pelear por la
salvación de sus hijos.

UN TRIBUTO AL "LUGAR SEGURO" DE MIS PADRES

Estoy hoy en el ministerio gracias al hogar piadoso que mis
padres establecieron para mis hermanos y para mí. Nos

enseñaron cómo orar, y cómo leer y amar la Palabra de Dios. Nos enseñaron a respetar la casa de Dios desde que éramos pequeñitos.

De niño, lo único que quería era jugar con mis amigos en la iglesia. Recuerdo un domingo cuando tenía cerca de nueve años de edad. Mis padres pastoreaban una pequeña iglesia en Henderson, Carolina del Norte. Cuando la organista habitual no estaba, mi madre tenía que tocar el órgano. Eso me dejaba libre para sentarme en el fondo de la iglesia con mis amigos.

Un domingo por la mañana, mamá tocaba el órgano, y mis amigos y yo estábamos sentados al fondo. Alguien había traído un pequeño espejo y observamos que el sol entraba a la iglesia por las ventanas. Así que decidimos divertirnos con ese espejo.

Lo sosteníamos justo para que el rayo de sol se reflejara sobre el espejo y después en los ojos de los integrantes del coro que estaban al frente de la iglesia. Los veíamos cantando y luego, de repente, enceguecer por el rayo láser del sol que disparábamos sobre sus ojos. Nos estábamos divirtiendo tanto como se puede imaginar. Reíamos y estábamos completamente absortos en nuestra pequeña intriga.

Ni siquiera noté que mi madre había dejado el órgano y se estaba dirigiendo al fondo del santuario adonde yo estaba sentado. De pronto, sentí que alguien me tomó de los hombros y empezó a llevarme desde el banco hacia el atrio. Cuando me di cuenta de que era mi madre, sentía ganas de gritar: "¡Oren, santos, oren!".

Mientras me sacaba del santuario, mamá apretaba mi hombro y decía: "Creo que el diablo te atrapó". Yo dije después de ella: "Yo también creo eso", sin intención de ofender. Demasiado tarde, me di cuenta de que no era lo correcto para decir. Le ahorraré el resto de la historia, pero diré que yo sabía que merecía una buena disciplina maternal por mi falta de respeto por la casa de Dios.

Mis padres mantenían un lugar seguro para mí, al entrenarme y corregirme para que aprendiera a caminar en el temor de Dios. Simplemente decían "no" al consejo de la cultura de "transigir y dejarlos hacer lo que quieran". Cada vez que lo hacían, mis padres estaban fortaleciendo mi lugar seguro. Cada vez que imponían sus estándares piadosos sobre mis elecciones y estilo de vida, me rescataban de la corriente de destrucción que me rodeaba.

Incluso en mis años de adolescencia, cuando intentaba ser rebelde, mamá y papá oraban más por mí. Hacían lo mismo por mis dos hermanos y mis dos hermanas. Cuando uno de nosotros comenzaba a apartarse de los principios piadosos que nos enseñaban, sabíamos que ellos estaban peleando por nosotros. Siempre comíamos juntos como familia, y si papá, a quien le encantaba comer, no estaba en la mesa, sabíamos que estaba ayunando por uno de nosotros. Era fantástico. Mamá y papá, por lo general, ayunaban y oraban juntos por sus hijos.

Usualmente cuando yo trataba de pecar, en realidad, no lo lograba. Otros se las arreglaban con las cosas, y yo siempre era atrapado. Un día, me fui con un amigo y traté de drogarme. Fumé cinco porros antes de poder sentir siquiera un poco del "gozo".

Normalmente, cuando la gente se droga, comienza a decir que ve elefantes rosa y estupendos colores psicodélicos. Yo no. En mi pobre estado de drogado, vi a Moisés, los cuatro caballos del Apocalipsis, y otras visiones terribles.

Cuando sus padres están luchando por usted en oración, esas oraciones tienen tanto impacto que usted ni siquiera puede disfrutar de irse de juerga. Es difícil salir y disfrutar el pecado cuando usted está rodeado de ángeles por los padres piadosos que le fueron asignados. Ellos me lo arruinaban todo. Incluso mientras dormía, ellos oraban por mí. Luchaban por mi alma, y hoy les estoy profundamente agradecido.

Según mi personalidad, podría haberme convertido fácilmente en un alcohólico. Cuando hago algo, voy hasta el fondo. El beber socialmente me habría conducido al alcoholismo. Cuando las drogas y el alcohol confrontaban mi joven vida, los valores de mis padres y su estilo de vida que habían formado mi carácter hasta ese momento, me ayudaban a tomar las decisiones correctas.

Cuando la promiscuidad era presentada como una opción legítima para buscar a Dios por la compañera para toda la vida, los principios morales que eran parte de mi fundamento estaban allí para protegerme. Hoy día, doy gracias a Dios porque cuando la corriente de maldad venía contra mi inmadurez, había una fuerza dominante dentro de mí. Me decía: "Habrá consecuencias si eliges hacer el mal". Mis padres habían cumplido su misión de crear una perspectiva piadosa y una atmósfera recta que se convirtió en un poderoso estándar para mi conducta.

Cuando ellos luchaban por el destino de Dios para mi vida, Dios luchaba por ellos. Les estoy agradecido por su perseverancia en oración cuando me pongo de pie para ministrar la Palabra de Dios. Ellos fueron la fuerza detrás de este ministerio. Ganaron la batalla por mi destino. No tuvieron temor porque comprendieron que Dios peleaba por ellos.

Años más tarde, cuando fui llamado al ministerio y comencé a ayunar y orar mucho, le pegunté al Señor por qué Él era tan exigente conmigo. Me respondió: "Porque tu madre es muy exigente conmigo". Y comprendí que si somos exigentes con Dios por medio de la oración y la intercesión por nuestros hijos y nietos, Dios será exigente con ellos. Va a intervenir en sus vidas y los librará del mal.

Como madres y padres, es necesario que ustedes peleen por sus hijos en oración. No se siente por allí atemorizado por lo que les deparará el futuro. No tenga temor de que el pecado pueda destruir sus vidas, Levántese en fe y pelee por su familia, y Dios peleará por usted.

Cómo luchar por su familia

Nehemías, un héroe del Antiguo Testamento, nos enseña cómo luchar por nuestras familias. Él estaba guiando a Israel en la reconstrucción de los muros de Jerusalén cuando aparecieron algunos enemigos y comenzaron a amenazar sus vidas. Trataban de amedrentar al pueblo, pero Nehemías desafió a las familias de Israel:

> No temáis delante de ellos; acordaos del Señor, grande y temible, y *pelead por vuestros hermanos, por vuestros hijos y por vuestras hijas, por vuestras mujeres y por vuestras casas.*
> —Nehemías 4:14, énfasis añadido

Sus enemigos se burlaban y despreciaban sus esfuerzos para volver a hacer segura a Jerusalén. Luego, decidieron atacar a estas familias judías, formando un complot secreto para destruirlos. Pero en vez de ser intimidados, los judíos se protegían los unos a los otros, como les enseñó Nehemías, para defenderse.

Nehemías los instruyó para que la mitad de ellos trabajara y construyera el muro mientras la otra mitad hacía guardia. Los que trabajaban usaban una mano para edificar y la otra para llevar un arma. Vigilaban la ciudad día y noche. Esta constante vigilancia era necesaria para mantenerse seguros.

Puedo verme a mí mismo como padre, de pie sobre una muralla con una paleta para edificar en una mano y un arma en la otra. Estoy decidido a edificar con un hogar y una familia exitosos, aun en un tiempo en que la mitad de los matrimonios acaban en divorcio. Cuando las estadísticas dicen que los hijos deben atravesar toda clase de problemas peligrosos, yo voy a tener hijos que sirvan al Señor. Estoy peleando por mis hijos y Dios pelea conmigo.

Conforme trabajen para edificar muros de justicia para proteger su hogar, ustedes se tienen que armar. Tienen que decidir que no van a permitir que el enemigo tenga a su familia. Tiene que decidir: "Voy a pelear por mi matrimonio. Voy a pelear por mis hijos. Voy a pelear la buena batalla ¡y a ganar!".

Luchar por nuestros cinco hijos

Ahora, muchos años después de que aprendí la lección del incidente del "espejo en la iglesia", mi esposa y yo estamos afrontando desafíos similares. Estamos decididos a edificar un lugar seguro para nuestros cinco hijos. Parece que el mal es más intenso, la cultura es más corrupta y las influencias mundanas que bombardean a nuestros hijos son todavía más poderosas que cuando yo era niño.

Un verano, planeamos un viaje familiar a la playa. Nuestras hijas adolescentes invitaron a algunas de sus amigas para que fueran con ellas. Resultó que otras familias de nuestra iglesia estaban en la misma playa la misma semana. Sus hijos adolescentes eran amigos de nuestras hijas. Así que cuando llegamos a la playa, sentamos a nuestras hijas y establecimos las reglas de lo que era la conducta aceptable en la playa con sus amigos.

Una cosa que no sería tolerada era que nuestras hijas fueran a la playa por la noche con un miembro del sexo opuesto. Queríamos que quedara claro a todos los involucrados así que dijimos: "¿Entendido?". "Sí, papá. Entendido."

Luego, una noche, mientras mi esposa y yo estábamos absortos en una película, sonó el teléfono. Una de nuestras hijas estaba con nosotros, y contestó. No presté atención, pero su madre aguzó el oído. Cuando mi esposa se dio cuenta de que hablaba con su hermana mayor, se interesó mucho. Oyó decir a su hija menor: "Sí, están sentados aquí".

¡Eso era sospechoso! La mamá le preguntó con quién hablaba y ella respondió mansamente que era su hermana mayor. Su madre le susurró amenazante: "Me dices todo lo que dijo ¡o te quito el teléfono por un año!". Ella levantó la mirada hacia el rostro de su madre y prometió rápidamente, asintiendo.

Después de consultar un poco más con nuestra hija acerca de la llamada telefónica, mi esposa vino donde mí y me sacó a rastras. Dijo que daríamos una caminata por la playa. Protesté y resistí, pero ella insistió. No había manera de negarse a ese tono de su voz.

Entonces, en vez de dar una caminata normal por la playa, me condujo entre los arbustos y me hizo arrastrar a gatas, saltar un cerco y arrastrarme todo el camino a la playa ¡en la oscuridad! Efectivamente, encontramos allí a nuestras hijas adolescentes con muchachos de otras familias de la iglesia. Una vez más, los chicos de la iglesia estaban corrompiendo a nuestros perfectos angelitos... racionalicé.

Uno de los muchachos nos vio acercarnos y casi entra en shock. Comenzó a inquietarse y se puso pálido. No podía pensar qué decir, así que dijo: "Hola, Pastor. Fue un sermón estupendo el del domingo pasado". Yo no sonreía. Dije: "¡Ah, cállate! Ni siquiera sabes lo que prediqué. ¡Quita tu trasero de esta playa ahora mismo!".

Él sabía que estaba atrapado, aunque aparentemente los chicos no habían hecho nada malo, excepto romper las reglas. Bajó la cabeza y dijo: "Lo siento, Pastor", mientras se alejaba. Mis hijas conocían las reglas, y después de hablar brevemente con ellas, las llevamos otra vez a la cabaña donde enfáticamente les hicimos tomar conciencia de su "lugar seguro", ¡para que nunca lo olvidaran!

Entrenamiento, enseñanza, estar presente en sus vidas y rehusar transigir: todo eso es parte de la lucha por su familia y de ver a Dios pelear por usted. Edificar un lugar seguro contra las influencias malignas de la sociedad que tratan de tentarlos, compelerlos y engañarlos, es un trabajo a tiempo completo.

ESTRATEGIA PARA UN HOGAR SALUDABLE

Nadie dijo que edificar una familia saludable y piadosa sería fácil. Usted debe comprometerse para ganar la guerra que ruge contra su hogar. La batalla es incesante para los padres que quieren establecer fundamentos piadosos para su familia. Usted no puede aflojar su vigilancia. Lleva tiempo y energía estar presente en la vida de sus hijos.

¿Se siente abrumado por la influencia de las amistades? ¿El temor a las drogas, el alcohol y el sexo ilícito le aprieta el corazón por sus hijos? Pelear contra las fuerzas destructivas que amenazan a su familia significa que tiene que clamar a Dios para que Él pelee por usted. No se intimide por las amenazas del enemigo; no se siente y deje que las cosas pasen. Decídanse a trabajar juntos como padres, y apóyense mutuamente en la lucha.

Mi esposa y yo aprendimos que teníamos que establecer dos cosas como joven pareja. Primero, que amábamos a Dios. Y segundo, que estábamos totalmente comprometidos el uno con el otro. Eso significa que estamos comprometidos con la iglesia, que llenamos nuestra vida continuamente con la Palabra de Dios, y que nos determinamos a formar juntos una familia piadosa.

Eso es lo que las parejas jóvenes necesitan hacer. Podrá haber momentos en que estén en desacuerdo y hieran sus sentimientos. Podrán decir palabras ásperas el uno al otro, pero tienen que estar decididos a perdonar y solucionarlo. Obedezcan la Palabra de Dios, muestren misericordia y esfuércense por vivir en paz.

Es necesario decirle al enemigo que él no tiene parte ni

derecho en su hogar, en sus hijos, ni en su matrimonio. No tengo temor de criar cinco hijos en estos tiempos inciertos, porque sé que mientras sometemos nuestras vidas a Dios y peleamos por nuestra familia, Dios está peleando por nosotros.

CAZADORES DEL MIEDO

Obedezcan la Palabra de Dios, muestren misericordia y esfuércense por vivir en paz.

Usted debe edificar su hogar con un arma en una mano y una paleta en la otra constantemente. Tome un arma divina —el nombre de Jesús, la Palabra, la oración, y la alabanza— en una mano. Tome una herramienta de construcción en la otra, y prepárese para pelear y edificar como la ocasión lo requiera. Comience a declarar en la cara burlona del enemigo: "Voy a reconstruir, y voy a pelear hasta obtener la victoria en mi propio hogar". Hable en el nombre de Jesús, declare las promesas de la Palabra de Dios, y alábelo por la victoria que se aproxima.

Si usted es un padre solo, tiene igual derecho a la misma protección de las promesas de Dios para su familia. Es su responsabilidad pelear por su familia, cualesquiera sean las circunstancias. Es necesario que usted sepa que no está solo. Si somete su vida a Dios en oración y ayuno, verá cómo Él protege a sus hijos de la destrucción del enemigo.

Cuando el enemigo intenta atacar a mi familia, yo le

declaro lo que Nehemías les declaraba a sus enemigos:

> El Dios de los cielos, él nos prosperará... porque
> vosotros no tenéis parte ni derecho ni memoria en
> Jerusalén.
>
> —NEHEMÍAS 2:20

No tenemos que tener miedo de lo que el infierno pueda hacerles a nuestros hijos. Soy consciente de que aunque yo los críe en el temor del Señor, el infierno puede tener una carta en la manga. Pero cuando se ha dicho y hecho todo, ellos saben dónde está el altar, saben clamar al nombre de Jesús. Y sé que Él es el guardador de mi hogar y de mis hijos; Él peleará por mi familia.

La Palabra de Dios promete su protección contra los propósitos del enemigo para todos lo que eligen obedecer su voluntad. El profeta Isaías declaró: "Ninguna arma forjada contra ti prosperará... Esta es la herencia de los siervos de Jehová, y su salvación de mí vendrá, dijo Jehová" (Is 54:17).

PERSEVERAR EN LA LUCHA

Nehemías enseñó al pueblo cómo pelear continuamente por sus hijos y sus hijas. Dios lo prosperará y peleará por usted cuando usted declare que el enemigo no tiene derecho en su "Jerusalén": su hogar y su familia. Él no puede tocar a su esposa. Sus hijos no le pertenecen al enemigo. Él no tiene parte en su hogar.

Israel no sólo ganó la lucha por sus familias, sino que también preservó la seguridad para las futuras generaciones. ¿Sabía usted que partes del muro que Nehemías e Israel restauraron siguen estando en la Jerusalén actual? He estado en Israel cinco veces y he visto partes del muro de Jerusalén que datan de la restauración dirigida por Nehemías. Su perseverancia en la batalla por sus familias les dio una victoria que todavía es evidente miles de años después.

Cuando usted construye un lugar seguro para sus hijos, está construyendo fundamentos multigeneracionales sobre los cuales sus nietos y las futuras generaciones podrán afirmarse. El salmista preguntó: "Si fueren destruidos los fundamentos, ¿qué ha de hacer el justo?" (Sal 11:3). Pero si usted pelea, Dios peleará por usted para mantener los fundamentos de justicia para los hijos de sus hijos y aún más allá.

Sin embargo, para que eso sea realidad, usted debe establecer una guardia en su hogar para protegerlo de cualquier plan solapado del enemigo. No puede permitir la inmoralidad proyectada por ninguna clase de medios en su hogar. Eso le da al enemigo poder para acceder a su hogar. Usted tiene que proteger a su familia del hablar y de la música profanos e impuros, y de otras fuerzas destructivas que tratan de invadir su hogar. Eso requiere una continua vigilancia, perseverancia en su lucha por el bienestar de su familia.

Cuando lo hago, puedo no ser la persona más popular en mi hogar. Mi meta no es ser popular; no se supone que yo sea un compinche o el mejor amigo de mis hijos. Primero que nada, yo soy quien los protege del mal cuando ellos no pueden discernir su presencia a causa de su inmadurez.

Cuando Noé oyó la palabra de Dios de construir un arca para preservar a su familia de la destrucción, le obedeció a Dios completamente. Pasó casi un siglo trabajando y construyendo un arca de seguridad para su familia. No sólo subió a los animales, sino que se aseguró que toda su familia también estuviera a salvo a bordo de esa arca. El Nuevo Testamento se refiere a Noé como la octava persona del arca (2 P 2:5). Creo que eso se refiere al hecho de que Noé fue la última persona en abordar el arca.

Él no arrojó la plancha y subió al arca, con la esperanza de que los otros siete integrantes de su familia fueran con él. Noé fue la octava persona, el último en abordar. Él no iba a rescatarse sólo a sí mismo. Decidió que sus hijos irían con él. Ellos eran la razón por la cual trabajó en el arca ciento veinte años. Eran parte del pacto que Dios hizo con él, y él era responsable por el bienestar de ellos. Se aseguró que fueran con él a salvo en esa arca.

Me molesta la forma en que las personas se rinden y entregan a sus hijos al enemigo. Asumen una actitud de "¿de qué sirve?" cuando sus hijos son tentados a pecar. O adoptan una perspectiva de "espero que lo logren". Ésa es una manera cobarde de enfrentar la arremetida del enemigo contra su familia. Vale la pena pelear por ellos. Son almas eternas confiadas a su cuidado.

La Biblia dice que Job ofrecía diez sacrificios cada día, uno por cada uno de sus diez hijos (Job 1). Creo que nombraba a cada hijo cuando hacía el sacrificio por ellos. Estaba poniendo un cerco de sangre alrededor de ellos, luchando a diario por su familia.

Todos los días oro por mis hijos por nombre. Pido a Dios que haga un cerco con su sangre alrededor de ellos. Oro por protección y para que sean limpios de todo mal que pudieran encontrar. Usted tiene que suplicar cada día la sangre de Jesús sobre sus hijos. La sangre de Jesús hace dos cosas:

limpia, y protege su hogar. Usted puede construir un cerco de protección alrededor de sus hijos aplicando la sangre de Jesús sobre ellos en oración.

Dios le ha dado el privilegio y la responsabilidad de criar a sus hijos. Usted debe pelear por sus hijos e hijas. Luche por su esposo. Luche por su esposa. Luche por sus nueras y sus yernos. Vístase con toda la armadura de Dios (Ef 6), y declare al enemigo: "Pisaste un lugar santo cuando atacaste mi hogar. Lucharé por mis bebés y haré que vuelvas al infierno".

¿Cómo vivirá usted su vida? ¿La llenará de trabajo y actividades de modo que otro tenga que cuidar a su familia? MTV no va a criar a mis bebés. Las niñeras no van a criar a mis bebés. Las escuelas no van a criar a mis bebés. Mi esposa y yo vamos a criar a nuestros bebés en el temor del Señor.

Conságrese a Dios, usted y su hogar, y Él le dará sabiduría y poder para proteger a sus hijos. No tiene que vivir atemorizados por sus hijos. Dios los redimirá para sus propósitos. Usted no está solo. Dios está con usted. Aunque usted sea un padre solo, puede descansar seguro de que la protección de Dios es suficiente para usted y sus hijos.

Creo que la prioridad número uno del diablo es destruir su hogar. Quiere hacerlo miserable; quiere destrozarlo. El Señor me hizo comprender que si su hogar es la prioridad uno del enemigo, también debe ser su prioridad uno. No su ministerio. No su carrera. No su esparcimiento ni la acumulación de "cosas". Nada debería ser más importante en su vida que mantener un hogar piadoso. Su prioridad número uno es luchar por su familia contra los ataques del enemigo.

LIMPIAR SU HOGAR

Para mí, una de las más sorprendentes escrituras de la Biblia acerca del hogar se encuentra en Levítico 14. Cuando los hijos de Israel poseyeron la Tierra Prometida, Dios les dijo que vivirían en hogares que ellos no construyeron. Lo que ellos no sabían era que esos hogares habían sido dedicados a los ídolos.

CAZADORES DEL MIEDO

La sangre de Jesús limpia
y protege su hogar.

Esos pueblos paganos llevaban vidas idólatras e impías, y practicaban toda clase de actos impuros. Tenían ídolos escondidos en las paredes de sus casas. No eran visibles para las personas pero eran conocidos por Dios. Esta idolatría pagana hizo que aparecieran en las paredes manchas que sólo podían limpiarse con un sacrificio de sangre.

Dios le dijo a Moisés que cuando vieran manchas verduscas y rojizas en las paredes, la casa estaba contaminada y tenía que ser limpiada por sangre. Tenían que llamar a un sacerdote y hacer un sacrificio por su hogar.

Estas manchas en las paredes eran llamadas brotes de lepra. La palabra *brote* se relaciona con el enojo y el conflicto. ¿Hay lucha y contención continua en su hogar? Esas son las manchas de la pared que deben limpiarse con la sangre de Cristo. De lo contrario, su relación sufrirá y su hogar será destruido.

El abuso físico y verbal son manchas en las paredes que deben limpiarse con sangre. Estas cosas ocultas en nuestros hogares atraen la influencia de Satanás contra nuestra familia. Usted puede aplicar la sangre de Jesús a su hogar, y Él le dará gracia para que el perdón y el amor gobiernen allí. Dios quiere que usted experimente su paz y su gozo en su hogar.

Existen otras maneras en que los creyentes permiten que sus hogares se contaminen, causando "manchas" en las paredes. Muchos padres cristianos permiten música envilecida con letras violentas en sus hogares (sabiéndolo o no, por medio de iPods y otros artefactos). Algunos se encadenan con la pornografía adictiva en la Internet y otra clase de medios de comunicación.

En algunos hogares se permiten el acceso de libros sobre ocultismo, programas televisivos violentos y películas impuras. Eso causa manchas en las paredes que comprometen su santidad. Tiene que establecer un estándar de lo que es aceptable que ingrese a su hogar. Trace líneas contra la exposición de sus hijos a lo profano y a la impureza.

Controle los programas de TV de sus hijos. Esté alerta al uso que ellos hacen de la computadora. Como sacerdote de su hogar, usted debe limpiarlo continuamente con la sangre de Cristo. Si usted es un padre solo, es la cabeza espiritual de su hogar. Así como Job ofrecía continuamente sacrificios por sus hijos, usted es responsable de limpiar su hogar y dedicarlo al Señor continuamente.

Como padre, comprendo cuánto temor puede asaltar su corazón por el bienestar de sus hijos, especialmente durante los años de la adolescencia. Toman decisiones que pueden afectar el futuro y la reputación de por vida. Para combatir esos miedos, me he decidido a pelear por mi familia. Me rehúso a preocuparme por ellos. Por medio de la oración, seré exigente con Dios, y Él será exigente con ellos. Hago todo el esfuerzo por estar presente en sus vidas, escuchando sus conversaciones y dándoles dirección.

FLECHAS EN LA MANO DE UN GUERRERO

El salmista declaró que los hijos son herencia del Señor y como flechas en manos de un guerrero. Decía que el hombre que llenó su aljaba de ellos es feliz (Sal 127:3-4, NVI). Comencé a pensar acerca de las flechas y lo que necesitan para ser eficaces. Esta analogía me convierte en el arco que da dirección a la flecha (el hijo).

Si apunto mi arco en dirección del alcohol, la flecha irá hacia el alcohol. Si la apunto hacia la meta de conseguir dinero, volará hacia el hacerse rico. La flecha irá en la dirección en que la apunto. No puedo esperar que la flecha vaya hacia la iglesia si no la estoy apuntando hacia allí. Eso es simple lógica.

Cuando usted enseña a sus hijos a amar a Dios, la Escritura dice que no serán avergonzados. No serán avergonzados por ir a la iglesia o por llevar vidas de buena moral. Cuando apunta hacia una vida recta, ellos se convertirán en un arma contra los planes de destrucción del diablo.

Enseñe a sus hijos que no son como la familia de al lado o los amigos de la escuela. Cuando dicen: "Todos lo hacen", dígales que ustedes no son como las otras familias. Apunte su arco hacia la santidad, la adoración, y el llamado de Dios para su vida para transformarse en pastor, evangelista, maestro, o en un empleador o empleado piadosos. Ellos están destinados a ser padres piadosos que seguirán su ejemplo.

A veces, creo que estamos canjeando el sueño americano por el llamado y el propósito de Dios en la vida de nuestros hijos. Apuntamos el arco hacia el convertirse en un atleta profesional o un poderoso ejecutivo, o hacia la fama en las películas o las artes. Si Dios los llama a usar una carrera como ésa como plataforma para honrar a Jesucristo, ésa es la dirección correcta para esa flecha. Pero la mejor dirección para una flecha es dar gloria y honor a Cristo en cualquier cosa que hagan.

Usted debe "disparar sus flechas" hacia la verdad. Enséñeles que hay un sólo Dios. Buda no es Dios. Mahoma no es Dios. Las filosofías de la Nueva Era no reemplazan a Dios. Usted fue creado por Dios para andar en su verdad. El apóstol Juan decía que nada le producía más alegría que oír que sus hijos practicaban la verdad (3 Jn 3, NVI).

Cuando usted dirige a sus hijos a la verdad, comprenderán que el dinero no es Dios. La educación no es Dios. Los deportes no son Dios. La fama no es Dios. Todo lo que ellos valoran será de Dios. Conocerán el nombre del Hijo de Dios, Jesucristo, y le servirán. No pueden renunciar o pensar que podría ser de otra manera. La Biblia dice que no hay otro nombre dado a los hombres en que podamos ser salvos (Hch 4:12).

Apúntelos continuamente en dirección a la verdad, y vencerán a toda fuerza destructiva que venga contra ellos. Usted tiene que hacerse cargo de esas preciosas flechas en su aljaba. Es una lucha continua mantenerlos en la dirección correcta, pero Dios peleará por ustedes cuando ustedes decidan pelear por su familia. Ore conmigo que Dios le ayude a comenzar o a intensificar su batalla para mantener un lugar seguro para su familia.

Amado Jesús, gracias por mi familia. Gracias por abrir mis ojos para ver que tú quieres que mi hogar sea un lugar seguro —un arca— para dar refugio contra las inundaciones del pecado que hoy amenazan a nuestro mundo. Ayúdame a hacer de mi familia la prioridad que tú dispusiste que fuera. Me arrepiento de haber sentido temor de enfrentar los problemas que veo en mi hogar. Me decido a pelear por mi familia, sabiendo que tú pelearás por mí. Espíritu Santo, por favor, muéstrame toda cosa impura que sea necesario quitar de mi vida y mi hogar. Me rehúso a preocuparme o tener miedo. Por medio de la intercesión, seré exigente contigo, y tú serás exigente con ellos. Gracias. Amén.

La lucha por su familia

Pero yo y mi casa serviremos a Jehová.

—Josué 24:15

Los hijos son una herencia del Señor, los frutos del vientre son una recompensa.

Como flechas en las manos del guerrero son los hijos de la juventud.

.—Salmo 127:3-4. nvi

Camina en integridad el justo; sus hijos son dichosos después de él.

—Proverbios 20:7

Aun el muchacho es conocido por sus hechos, si su conducta fuere limpia y recta.

—Proverbios 20:11

Instruye al niño en su camino, y aun cuando fuere viejo no se apartará de él.

—Proverbios 22:6

Y vosotros, padres, no provoquéis a ira a vuestros hijos, sino criadlos en disciplina y amonestación del Señor.

—Efesios 6:4

Mis cazadores del miedo personales

_____

_____

_____

_____

_____

_____

_____

_____

_____

_____

_____

_____

_____

_____

_____

_____

_____

_____

6

EL MIEDO A QUE FALTE
LO NECESARIO

R ECESIÓN. EJECUCIÓN HIPOTECARIA. Desempleo. Quiebra. Inflación. Fraude. Corrupción. Déficit nacional explosivo. Estas palabras vinculadas al miedo describen la situación económica de nuestro mundo que es cada vez más dependiente de una economía mundial saludable. Millones de personas no sólo las están escuchando; también están viviendo uno o más de estos nefastos escenarios financieros.

Es un hecho que nuestro mundo enfrenta continuamente tiempos difíciles de crisis financiera. Es también un hecho que usted no tiene por qué estar asustado respecto a sus finanzas. La Palabra de Dios sigue siendo verdadera. Dice: "Porque no nos ha dado Dios espíritu de cobardía, sino de poder, de amor y de dominio propio" (2 Ti 1:7). Usted no debe temer por su situación financiera, sea presente o futura. La fe en la Palabra de Dios en los tiempos de crisis financiera vencerá todo temor.

Si su fuente de seguridad financiera son los gobiernos local y nacional, las instituciones financieras, su riqueza personal o su productividad, usted puede experimentar una terrible desilusión. Sus niveles de temor podrían aumentar hasta el punto de causarle angustia física y mental. Es tiempo de valorar sus opciones. ¿Sabe usted lo que enseña la Palabra de Dios sobre su provisión económica? ¿Qué promesas le da Dios para vencer su miedo a la ruina financiera?

ATAQUE SU CARENCIA

A veces, estamos en dificultades financieras por causa de nuestras propias malas elecciones o errores. Otras veces, hay situaciones que no creamos nosotros que hacen difícil nuestra vida. Hay veces en que podemos sentirnos como víctimas de las decisiones de otras personas, de una enfermedad o accidente inesperados o de una crisis económica mundial que amenaza nuestro futuro financiero. El campo de juego no siempre está nivelado cuando se trata de nuestra seguridad financiera.

Los desastres golpean. La buena noticia es que Dios es el Señor de las épocas de desastre. Se trate de sus malas elecciones o de circunstancias que escapan a su control, cuando usted clame a Dios, Él resolverá su desastre financiero. Aunque su angustia por las finanzas sea autoinfligido, Dios se propone sacarlo de él. Usted no tiene por qué estar atormentado por el miedo con respecto a sus finanzas.

Quiero mostrarle cómo atacar su carencia. Empieza con su manera de pensar con respecto a las finanzas. Algunas personas tienen una mentalidad de pobreza. Pueden haber crecido siendo pobres o, por alguna razón, esperar ser pobres toda su vida. Hablan todo el tiempo de sus carencias financieras. Desarrollan la mentalidad de que *tienen derecho* a esperar recibir de las riquezas de otros en lugar de ganarlas por sí mismos. Si usted tiene esta mentalidad, su primer ataque contra sus carencias financieras será cambiar su pensamiento.

CAZADORES DEL **MIEDO**

Dios es Señor de las
épocas de desastre.

Había una viuda en el Antiguo Testamento que era indigente por circunstancias que escapaban a su control (2 Reyes 4:1). Su marido había muerto y la dejó con dos hijos y una pila de deudas. Por esas deudas, el acreedor venía para llevarse a sus hijos como esclavos. Desesperada, envió por el hombre de Dios, el profeta Eliseo, y le pidió ayuda.

Eliseo le preguntó qué tenía en su casa. Ella dijo que no tenía nada más que una vasija de aceite. Entonces le dijo que pidiera prestadas a sus vecinos tantas vasijas vacías como pudiera. Debía cerrar la puerta y, con la ayuda de sus hijos, verter el aceite de esa pequeña vasija en todas aquellas vasijas vacías.

Cuando ella obedeció la palabra del profeta, el aceite se multiplicó y fluyó hasta que todas las vasijas estuvieron llenas. Entonces, le dijo que fuera y vendiese el aceite y pagara sus deudas. Quedó lo suficiente para que la familia viviera de la ganancia de esa venta.

El campo de juego no estaba nivelado para esta viuda. Pero cuando clamó a Dios, Él se enseñoreó de su desastre. Si usted lo busca, Él tiene un plan para liberarlo de su desastre financiero.

CÓMO REUNIR LOS REQUISITOS
PARA LA ABUNDANCIA DE DIOS

La Biblia enseña que Dios es el que le da a usted el poder de hacer riquezas (Dt 8:18). Dios le dijo a Abraham que iba a bendecirlo para que él pudiera ser una bendición a las naciones. Es la voluntad de Dios darle a usted prosperidad con un propósito, hacerlo una bendición para otros.

¿Está nervioso o asustado con respecto a su situación económica? Debe recordarse a sí mismo que Dios es su fuente de provisión financiera. Comience a declarar: "Dios es el que asegura mi éxito este año. ¡Dios es quien me da el poder de hacer riquezas aun ante mi presente necesidad!".

Jesús narró treinta y ocho parábolas que tratan sobre la

administración del dinero. Eso significa que enseñó sobre el dinero cinco veces más que sobre la oración. Hay quinientos versículos sobre la oración y el ayuno, comparados con dos mil sobre el dinero y las posesiones en las enseñanzas de Jesús. ¿Por qué Jesús enseñó más sobre el dinero que sobre la oración? ¿Por qué el dinero es tan importante para Jesús? Porque sabe que si usted no domina el dinero, él lo dominará a usted.

Usted no reúne los requisitos para la abundancia de Dios hasta que comienza por convertirse en hijo suyo. A Dios le encanta proveer para sus hijos más que a los padres terrenales. Usted debe decidir hacerse hijo de Dios mediante la fe en su Hijo, Jesucristo. Entonces, todas las promesas de Dios se hacen suyas. Tengo cinco hijos, y pueden comer de nuestro refrigerador en todo momento. Pero si los hijos de los vecinos vinieran a incursionar en nuestro refrigerador, tendrían un problema. Ellos tienen sus propios padres para que los mantengan.

Dios quiere ser su Padre, y quiere que sus hijos prosperen a la manera de Él. El salmista dice que cuando usted se deleita en Dios, todo lo que haga prosperará (Sal 1). Usted tiene que comprender el generoso corazón de Dios para tener abundancia. Él quiere cambiar su mentalidad de pobreza. Usted debe creer en sus promesas y confesar que es la voluntad de Dios que usted prospere. Su fe lo hará libre del miedo al fracaso financiero.

En la historia del hijo pródigo, el padre es una figura de nuestro Padre celestial. Cuando ese hijo se arrepintió y volvió a casa, su padre les dijo a sus siervos que mataran el ternero gordo, trajeran la mejor túnica, le dieran zapatos y pusieran un anillo en el dedo de su hijo. Ése es el corazón de nuestro Padre celestial, Él desea bendecir a sus hijos con todo lo posible.

Uno de mis cazadores del miedo favoritos es la declaración del salmista de que era joven y es ahora viejo y no ha visto justo desamparado o a sus descendientes mendigando pan (Sal 37:25). Esa promesa divina es suya para que sus hijos y usted disfruten la abundancia de Dios cuando usted vive como hijo de Dios. Él ha prometido que sin importar cuántos años usted viva, lo cuidará. Usted nunca será un mendigo ni un indigente. Dios nunca lo abandonará cuando usted reúna los requisitos necesarios para tener la abundancia divina.

Cuando fui a la India, vi a personas hambrientas en las calles. Las vacas se mezclaban entre las personas. Mi boca se hacía agua pensando en todos esos bistecs yendo de un lado a otro. Pero ellos no comerían ni uno, porque las vacas son consideradas dioses. Adoran al animal que Dios les proveyó como alimento para que se nutrieran.

> ## CAZADORES DEL MIEDO
> "Joven fui, y he envejecido, y no he visto justo desamparado, ni su descendencia que mendigue pan" (Sal 37:25).

Más que la mitad del cereal producido en India es comido por ratas.[1] No las matan, porque también son consideradas dioses. Porque no sirven al Dios viviente, están condenados a la pobreza y al hambre. ¡Cómo necesitan conocer las maravillosas noticias del evangelio que pondrían en libertad sus corazones cautivos!

Qué feliz soy de adorar al Dios viviente que quiere que yo prospere. En Cristo nos dio todas las cosas para que las disfrutemos. La diferencia entre vivir en la prosperidad y vivir en la pobreza es una elección. Las elecciones tienen consecuencias. Dios le dijo a Israel que puso delante de ellos la muerte y la vida, la bendición y la maldición. Tuvieron que escoger la vida o la muerte (Dt 30:19). Usted no es bendito por casualidad; lo es por elección.

Dar es una elección. Jesús dijo si usted da, le será le dado de acuerdo a la manera en que dio (Lc 6:38). Jesús enseñó que si usted da, recibirá una "cláusula de ganancia cuádruple": (1) medida llena, (2) apretada, (3) sacudida y (4) desbordante (NVI).

Los dadores ganan. Nada multiplicado por nada es nada. Dios multiplica las semillas que son sembradas. La Biblia enseña que el que siembra escasamente también cosechará escasamente (2 Co 9:6). Es una ley de la cosecha. A la inversa, si usted siembra generosamente, cosechará generosamente. De acuerdo con la manera en que siembre, usted cosechará. Esta ley de la cosecha también es aplicable a sus finanzas. Usted ganará abundantemente cuando dé abundantemente, pues debe cumplir los requisitos necesarios al decidir ser un dador.

La diligencia es una elección. La Biblia dice que debemos trabajar seis días y descansar el séptimo. Hay dos clases de personas a quienes Dios no bendecirá: las flojas y las tacañas. Usted no puede ser exitoso sin trabajar duro. La Palabra de Dios no enseña una mentalidad de "yo tengo derecho a", que siente que los demás le deben algo a usted. Enseña que una persona floja vivirá en necesidad y no tendrá nada, pero el alma diligente prosperará (Pr 13:4). La mejor forma de luchar contra la pobreza es trabajando.

El pecado es una elección. El pecado acarrea pobreza, delincuencia, adicciones, y destruye vidas. Vivir bajo una maldición financiera de pecado es una elección. Si usted elige no dar, no trabajar, no ser responsable de la prosperidad que Dios quiere dar a sus hijos, traerá a su vida una maldición de pobreza.

RESPONSABILIDAD DE ADMINISTRAR

Dios quiere que usted disfrute el dinero que Él le da. Pero también quiere que comprenda que viene con una responsabilidad. Cuando Jesús enseñó la parábola de los talentos en Mateo 25, estaba enseñando cómo manejar el dinero. Un talento era una suma de dinero, y Jesús contó la historia de un terrateniente que tenía grandes posesiones, las cuales dejó a cargo de sus siervos cuando se fue a realizar un largo viaje.

El terrateniente, una figura de Dios el Padre, dejó a sus siervos a cargo de sus bienes. Dio cinco talentos a uno, dos talentos a otro, y un talento al último, de acuerdo con su capacidad. Ellos fueron responsables de la correcta inversión de sus fondos hasta que regresó.

Los primeros dos siervos usaron sabiamente el dinero e incrementaron la inversión del terrateniente. El tercero enterró su único talento porque estaba asustado. Cuando el terrateniente regresó, elogió a los dos primeros siervos por el aumento de sus talentos. Cuando el tercer criado devolvió al terrateniente su único talento, fue reprendido por no haberlo puesto ni siquiera en un banco para ganar interés. El terrateniente lo llamó malo y negligente por su irresponsabilidad. Luego, tomó el talento y se lo dio al que había usado sabiamente sus cinco talentos.

El dinero no les pertenecía a los siervos; pertenecía al terrateniente. Ellos eran responsables de invertirlo sabiamente. Usted debe tener la mentalidad de que Dios es el legítimo propietario de todo que Él le da. Usted es el administrador que debe usar responsablemente sus dones. Es en la casa de Dios donde usted vive. La ropa que usted lleva es de Dios. Es el dinero de Dios el que usted gasta. No es de su propiedad, pero usted, como administrador, tiene derecho a usarlo y debe hacerse responsable por la manera en que lo hace.

Cuando usted aprende a practicar los principios de la Palabra de Dios con respecto a diezmar y dar, la maldición de la escasez será quebrada sobre su vida. La promesa divina de prosperidad está basada en su obediencia a la Palabra. Cuando usted busque la voluntad divina y obedezca sus órdenes, caminará en lo que Dios le ha destinado y disfrutará la prosperidad que Dios desea para usted.

SOLTAR PARA INCREMENTAR

Los hijos de Dios han sido históricamente prósperos. Esta realidad es un don de Dios. Él quiere que sus hijos prosperen. La Biblia dice que en Israel había una ley según la cual cada siete años los israelitas que se habían esclavizado por deudas, debían ser puestos en libertad (Dt 15). Esta ley solamente se aplicaba a los hebreos. Si un extranjero le debía dinero a usted, tendría que servirle hasta que su deuda estuviera saldada.

Lo que valió para los hijos de Israel sigue siendo un principio válido para nosotros hoy. Dios nunca planeó que sus hijos estuvieran sujetos a esclavitud por estar permanentemente endeudados. Dios siempre trata a sus hijos de manera diferente que a las personas que no han establecido una relación con Él. Es por eso que soy cristiano. Descubrí que Dios está por mí cuando yo vivo para Él.

Quizás en este momento usted tenga un desastre financiero, pero si es un creyente nacido de nuevo, Dios tienen un camino para que salga de él. Su esclavitud a la pérdida financiera, la depresión, el miedo, las drogas y el alcohol no son un estado permanente. Él quiere desatar el divino incremento en cada área de su vida. Jesús vino para liberar a los cautivos.

Dios ha dado a sus hijos promesas de prosperidad y bendición desde los más remotos tiempos. Le dijo a Abraham que haría de él una gran nación y lo multiplicaría en bendición de modo tal que sería una bendición para las naciones. La intención de Dios para sus hijos es que sean bendecidos en todo sentido.

Si se encuentra en un enredo financiero, debe comprender que su presente no es su futuro. Si usted camina con Dios, su problema es temporal, porque Él piensa bendecir a sus hijos. Dios no quiere que usted caiga en una mentalidad de pobreza y piense: "Nunca saldré de esto". Esa no es la voz de Dios. Su voz es siempre una voz de libertad y esperanza.

El apóstol Pablo escribió todo el libro de Gálatas para explicarnos que a través de Jesucristo somos herederos de las promesas de Abraham. Como cristianos, estamos en el linaje bendito a través de la sangre de Cristo. Esas bendiciones incluyen libertad financiera de la esclavitud económica.

Uno de los grandes nombres hebreos para Dios es Jehová-Jiré, nuestro proveedor. Él puede liberarlo de todo yugo de esclavitud a las deudas, a la pobreza, y a todo tipo de pérdida financiera. Si Él dispuso que en Israel cada siete años se liberase a los esclavos por deudas, usted que vive bajo un mejor pacto, puede creer que la sangre de Jesús lo liberará.

¿Está esperando que Dios se ajuste a su lógica? ¿Qué opere según la habilidad o falta de habilidad que usted tenga para hacer dinero? Dios es un Dios sobrenatural. No está obligado por las circunstancias naturales. Obra milagros en cada esfera de la vida para los que claman a Él y le creen. Dios supera cualquier ley natural de las finanzas para obrar milagros de prosperidad en su vida. Él puede entrar en su situación en un instante con previsión sobrenatural que sobrepase su lógica.

Las Escrituras dicen que cuando Dios liberó a Israel de su esclavitud en Egipto, ellos despojaron a los egipcios. Esa nación estaba tan feliz de librarse de esos esclavos, que les dieron joyas de oro, plata, ganado y cualquier otra cosa que les pidieron libremente. El pueblo de Dios salió de la tierra de su esclavitud rico en bienes y en dinero.

Su año de liberación puede ser así de drástico. No piense que lo que usted ha conseguido económicamente es lo mejor que puede hacer. Atrévase a creer que Dios desea soltar su abundancia sobre usted. Empiece a declarar: "No he hecho lo mejor. Aún no he conseguido mi mayor éxito. Todavía no he visto mis mejores días. Dios puede llevarme a la tierra prometida de su bendición y propósito más allá de mis sueños imposibles".

No creo que todos estén destinados a hacerse millonarios.

Ésa es la enseñanza de los que sostienen la hiperprosperidad. Pero Dios tampoco quiere que usted viva en la carencia de recursos, teniendo que preocuparse por no tener lo suficiente para el próximo pago de su hipoteca o para comprar comida para sus hijos. Si usted honra a Dios, Él lo honrará y proveerá para sus necesidades.

Prosperidad con un propósito

Dios ha prometido incrementar las bendiciones de su vida a medida que usted aprenda a ser un buen administrador de ellas. No quiere que usted adquiera riquezas para usarlas para su propio placer. Usted no puede juzgar su rectitud o espiritualidad por las riquezas que tiene. La ganancia no es santidad. Si lo fuera, la Mafia debería ser considerada piadosa. Dios le da prosperidad para ayudarlo a cumplir los propósitos divinos en la tierra.

Las Escrituras enseñan que es posible vivir en cuatro niveles diferentes de realidad financiera. Dios quiere llevarlo del nivel más bajo al más alto a medida que usted ponga su confianza en sus promesas de provisión sobrenatural.

El nivel de la bolsa

¿Alguna vez ha tenido un agujero en su bolsillo sin saberlo? Si guarda dinero en él, lo pierde. Hageo le dijo al pueblo que estaban trabajando mucho, pero viviendo sin lo necesario para comer o beber (Hag 1). No tenían suficiente ropa para vestir o mantenerse abrigados. ¿Cuál era el problema? Dijo que se estaban aferrando a lo suyo, pensando solamente en sí mismos y descuidando la casa de Dios. Estaban violando los principios divinos de la generosidad y del dar.

¿Tiene usted una mentalidad del nivel de la bolsa? ¿Está cobrando y ahorrando y trata de retener todo su dinero? Justo cuando piensa que está progresando, algo le pasa a su automóvil. O se enferma y tiene facturas médicas inesperadas. Parece que tuviera un agujero en el bolsillo y nunca tiene lo suficiente.

Este nivel de bolsa de realidad financiera donde muchos viven es el lugar de la carencia, donde usted nunca tiene lo suficiente. Dice: "Estoy ahorrando todo lo que gano; lo estoy embolsando". Las personas con esta mentalidad piensan que para progresar tienen que retener egoístamente cada moneda. Están cautivos del espíritu de codicia y deshonestidad de Judas.

Judas era el discípulo que estaba a cargo de la bolsa del dinero del ministerio de Jesús. También el que vendió a Jesús a sus captores por treinta piezas de plata. Era probablemente uno de los discípulos que se disgustaron cuando la mujer vertió un perfume exageradamente costoso sobre los pies de Jesús. ¿Habrá sido el que dijo que era un desperdicio y que se podría haber usado para ayudar a los pobres? (Vea Mateo 26:9.)

¿Está usted viviendo en el nivel de realidad financiera donde nunca tiene lo suficiente? Retener todo lo que gana lo mantendrá en una situación de carencia porque infringe los principios de Dios sobre el dar. Usted debe aprender el secreto para liberarse de esta esclavitud financiera mediante el dar, incluso en tiempos de escasez de recursos. La buena noticia es que usted no tiene que quedarse en el nivel de la bolsa. Puede ser libre para disfrutar la abundancia de Dios en sus finanzas personales.

El nivel del barril

Cuando Jesús enseñó sobre el dinero, dijo que quienes eran fieles en lo poco serían fieles en lo mucho (Lucas 16:10). Ese principio es la clave para aprender a vivir en el nivel de bendición del barril. Cuando todo lo que usted tiene es un poco, tiene que aprender a dar un poco. Debe vencer su miedo a no tener lo necesario. Sembrar semillas para una cosecha es el secreto para obtener esa cosecha.

Durante la hambruna de Israel que fue anunciada por Elías, Dios le dijo a Elías que dejara el arroyo donde lo había alimentado sobrenaturalmente a través de cuervos. Le dijo que se fuera a Sarepta, donde encontraría una viuda que lo mantendría (1 Reyes 17).

Cuando Elías encontró a la viuda, le pidió que le trajera un poco de agua y un trozo de pan. Ella le respondió que no tenía pan. Tenía un puñado de harina en el barril y un poco de aceite en una vasija. Estaba recogiendo leña para cocinarlo para que ella y su hijo lo comieran y se dejaran morir.

Elías le dijo: "**No tengas temor**; ve, haz como has dicho; pero antes hazme a mí primero una pequeña torta, y tráemela" (1 Reyes 17:13, NVI, énfasis añadido). Luego le dijo que si hacía eso, la promesa de Dios para ella era que el barril de harina no se agotaría y la vasija de aceite no se acabaría hasta que la hambruna terminase.

Así que la viuda hizo primero un panecillo para Elías. Usó todo lo que tenía para darle al siervo de Dios lo que le había pedido. Ella y su hijo sobrevivieron a la hambruna durante muchos días con la harina y el aceite que volvían a llenar sobrenaturalmente el barril y la vasija.

Si usted quiere pasar del nivel de la bolsa al nivel del barril, va a tener que soltar el miedo y actuar en fe. Usted tiene que dar ante su propia necesidad. No es lógico. ¿Por qué debería dar cuando no tengo suficiente para mí mismo? Porque eso lo pone en el territorio del milagro. ¡Los milagros suceden en territorio de milagros! Ése es el lugar donde usted da por fe en obediencia a Dios.

Elías le dijo a la viuda que primero le hiciera la pequeña torta. Era decirle: "¡Múdese al territorio del milagro!". En cuanto obedeció, ella se movió del nivel de la bolsa, de no tener suficiente, al nivel del barril, de tener sólo lo necesario. Plantó una pequeña torta en obediencia, y Dios le dio una cosecha milagrosa que cubría sus necesidades de cada día hasta que la hambruna terminó.

Me gusta imaginar a sus amigos viniendo a la casa de esta viuda para verla abrir su barril y obtener la provisión de harina para otro día. La observaban ir a su vacía vasija de aceite y que saliera a borbotones lo suficiente para la hornada de ese día. Vieron un milagro de provisión de Dios. Ella les volvió a contar que había hecho su última torta para el profeta que le pidió darle a él primero. Ellos dieron gracias a Dios por haberle enseñado cómo mudarse al territorio de los milagros mediante el dar.

Si usted está viviendo en el nivel de la bolsa, Dios quiere que se mude al nivel del barril, donde tiene lo suficiente para pagar facturas y mantener a su familia. Esa viuda estaba comiendo su última comida. No tenía lo suficiente para sobrevivir otro día. ... Hasta que le dio al profeta en obediencia. Entonces Dios la prosperó a un nuevo nivel de provisión milagrosa. Era sólo lo suficiente, pero ciertamente eso era mucho mejor que no tener lo necesario.

El nivel del barril es una bendición de Dios para guardarlo de la falta de recursos. Usted tiene que estar agradecido que Dios le haya dado lo suficiente... Que no tenga que vivir sin lo necesario para pagar sus facturas... Que tiene una casa y un auto y lo indispensable para vivir. Dé gracias a Dios por no estar viviendo al nivel de la bolsa. Usted se ha mudado a un territorio de milagros, al aprender a dar en obediencia a los principios de Dios.

No creo que Dios quiera que usted sólo tenga lo suficiente para pagar sus facturas y cubrir las necesidades de su familia. Sigue siendo egoísta pensar solamente en ustedes mismos y sus necesidades. Usted no puede ayudar a los menos afortunados cuando vive con apenas lo indispensable para ustedes mismos en su barril. Dios quiere que conozca la gran generosidad de su corazón, al ser capaz de dar para las necesidades de otros.

Si usted ha estado estancado en el nivel del barril, donde a fin de mes ha hecho todos sus pagos pero no le queda nada, tiene que pedirle a Dios que lo lleve al tercer nivel de realidad financiera: el nivel de la canasta.

El nivel de la canasta

¿Recuerda al niñito que le ofreció su almuerzo a Jesús para alimentar a la multitud? Aquella mañana, se levantó y puso cinco pequeñas rebanadas de pan y dos peces en la canasta de su almuerzo. Luego, siguió a la multitud para escuchar predicar a un galileo llamado Jesús (Marcos 6).

La Biblia dice que después de que Jesús hubo enseñado, la multitud de más de cinco mil personas estaba hambrienta. Jesús les pidió a sus discípulos que los alimentaran. Ellos quedaron atónitos ante la sugerencia de alimentar a esa muchedumbre. Le respondieron que los despidiera. Le dijeron a Jesús que toda la comida que habían visto era el almuerzo de un niñito, cinco rebanadas de pan y dos peces. Jesús les dijo que se lo trajeran.

La Biblia dice que Jesús tomó los panes y los peces, los bendijo, los partió, y luego los dio a la gente. Éste es el mismo proceso que usted debe atravesar si quiere cumplir los propósitos de Dios para su vida.

Primero, Él lo saca del pecado, lo libera y lo bendice. Ésta es la parte del proceso que nos encanta. Nos sentimos tan bien al estar libres del pecado y tener la bendición de Dios sobre nuestras vidas. Luego, Él empieza el proceso de quebrantarnos para cambiar nuestros pensamientos, nuestros deseos egoístas, y nuestras malas decisiones. Ésa es la parte que queremos pasar por alto. Pero Dios lo está rompiendo porque quiere "darlo" a usted a las personas.

Dios quiere hacerlo una bendición para otros, para su comunidad, e incluso para las naciones del mundo. Cuando ese niñito ofreció su almuerzo al Maestro, Jesús consagró su canasta y la usó para satisfacer a toda la comunidad. Todas las personas fueron alimentadas por la multiplicación milagrosa de ese pequeño almuerzo, ¡y sobraron aún doce canastadas!

Pienso que las canastadas fueron doce para que cada uno de los discípulos tuviera que llevar una. Me gusta imaginar a ese niñito yendo a la casa de su madre con los discípulos siguiéndolo. Su madre los ve y pregunta: ¿qué ha sucedido? Él le dice que se fue a escuchar a Jesús y le dio su almuerzo para alimentar a cinco mil personas. Estas doce canastadas fueron lo que sobró cuando consagró su almuerzo a Jesús.

Tenían comida para muchos días por venir.

Cuando usted le dé lo que tiene a Dios, quien es el legítimo propietario, Él lo bendecirá y lo multiplicará para cubrir cada necesidad. Dios quiere mudarlos a usted personalmente y a todo el Cuerpo de Cristo del nivel del barril de tener sólo lo suficiente al nivel de la canasta de abastecer las necesidades de otros.

Después de que esa comunidad fue bendecida, ¡el niñito se vio en casa con las canastadas sobrantes! Si usted está viviendo en el nivel del barril, de tener apenas lo necesario, ¡debe saber que hay otro nivel que es más que lo necesario! Dios quiere liberarlo para que se multiplique.

Una de las Navidades más memorables de mi familia fue cuando pudimos dar a lo grande a una familia merecedora. Nuestra iglesia tenía varios árboles de Navidad en la plataforma como decoración durante la temporada navideña. Uno de nuestros pastores me dijo que una madre sola de tres niños les había preguntado si podían prestarle uno de esos árboles para la Navidad de sus hijos.

Investigué su situación y me di cuenta de que realmente estaba tratando de dar a sus hijos todo lo que podía con sus limitadas ganancias. Recientemente, había sufrido un divorcio por razones de violencia doméstica y una relación abusiva.

Así que, en la Nochebuena, mi esposa e hijos fueron conmigo a la juguetería Toys 'R' US y empezamos a hacer compras de Navidad para esa familia. Mis hijos escogieron regalos para los niños, y compramos adornos y un árbol de Navidad para ellos. Llegamos a su casa con camiones llenos de obsequios para esta familia. Cuando entregamos todos los paquetes y adornos, volvimos a salir. Una vez fuera del departamento, oímos a esta madre empezar a gritar su acción de gracias a Dios. Escuchamos los gritos de los hijos, y nuestros corazones ardieron en agradecimiento a Dios porque estábamos bendecidos para bendecir a otros.

Debemos llegar a ser personas que estén buscando bendecir a otros. Entonces Dios incrementará nuestro nivel desde el de la canasta hasta el cuarto nivel de realidad financiera: el nivel del granero.

El nivel del granero

Si Dios le puede confiar más que lo suficiente para que usted pueda dar a otros, lo moverá a un nivel aún más grande de prosperidad. ¡Dios quiere que usted piense EN GRANDE! Usted ha vencido completamente su miedo al fracaso financiero cuando comprende que su prosperidad es para un propósito. La riqueza no es para llegar a ser "potentados." Es para llegar a ser una bendición para otros.

Cuando José fue liberado de la prisión y nombrado por faraón como la segunda autoridad de Egipto, Dios lo usó para crear centros de almacenamiento de alimentos que protegerían naciones durante un tiempo de hambruna. Los graneros de alimentos que José almacenó durante los siete años de buenas cosechas ayudaron a alimentar al mundo entero durante los siete años malos de la hambruna.

Dios quiere elevarlo al nivel del granero. Sabe que si Él lo tiene *a* usted, puede fluir *a través* de usted para tocar a personas de todo el mundo con la verdad del evangelio tanto como con la bendición material.

En mi iglesia hay personas a quienes he pastoreado durante

veinte años, que hace muchos años estaban viviendo entre los niveles de la bolsa y del barril. Trabajaron arduamente y aprendieron a dar de su necesidad. Ahora, se han hecho multimillonarios que continúan dando más y más para alcanzar almas perdidas con el evangelio.

Dios no los llevó del nivel de la bolsa al nivel del granero de la noche a la mañana. Atravesaron el proceso de darse a sí mismos a Él y permitirle que los quebrante para usarlos para sus propósitos. Salidos de ese quebrantamiento, Él está vertiendo su bendición a través de vidas. El secreto para pasar del nivel de la bolsa, de no tener lo necesario, al nivel del granero, de tener suficiente para las naciones, es, en resumidas cuentas, la *obediencia*.

No importa en qué nivel de realidad financiera esté viviendo usted, Dios ya tiene más que suficiente para sus necesidades. Usted no debe tenerle miedo a su situación financiera. Dios sabe cómo llevarlo desde la falta de recursos a la abundancia. Lo único que puede limitarlo es su propio nivel de fe. Cuando Dios dice muévase, usted tiene que actuar en fe y mudarse a su territorio de milagros.

Usted puede decir: "Bien, estoy jubilado y vivo de un ingreso fijo". No en Dios. Eso no es una limitación para Dios cuando usted se mueve en fe hacia lo que le pide que haga. "Bien, la economía está deprimida." ¿Recuerda a la mujer que vivía en la hambruna? Su hambruna quedó atrás cuando obedeció lo que el profeta le dijo que hiciera, dar primero de su necesidad.

Usted puede estar a punto de dar a luz un milagro. Es tiempo de salir del nivel de carencia o supervivencia y permitir que Dios libere sus recursos en su vida. Si usted obedece a Dios y deja de retener lo que tiene, Él soltará su provisión en sus manos con el propósito de que usted pueda bendecir a otros.

CAZADORES DEL **MIEDO**

Dios sabe cómo moverlo de su carencia a la abundancia.

Tengo entendido que algunos han llevado un "mensaje de prosperidad" al extremo. No creo en eso, pero creo en la prosperidad con un propósito. Creo en lo que la Biblia enseña sobre la ley de la siembra y la cosecha, y creo en la enseñanza de Jesús sobre el dar. Él no solamente nos enseñó a dar; dio su vida para quebrar la maldición del pecado sobre su vida. Él murió para darle a usted una calidad de vida abundante, no sólo para la eternidad, sino para ahora. Él quiere bendecirlo y convertirlo en una bendición para otros.

La Biblia nos advierte contra la codicia y el amor al dinero, llamando al amor al dinero la raíz de todos los males (1 Ti 6:10). Usted debe guardarse de amar al dinero más de lo que ama a Dios. Dios quiere bendecir su vida, no sólo con dinero, sino también con gran amor por Él y por su Palabra. Quiere darle su amor por las almas perdidas del mundo entero. Cuando usted busque primero a Dios y camine en sus mandamientos, Él soltará recursos sobrenaturales en su vida.

Uno de mis salmos favoritos es el 112, que lista todas las

bendiciones que Dios quiere darnos. El prerrequisito para recibir sus bendiciones es caminar en el temor del Señor y deleitarse en sus mandamientos. Temo a Dios. Lo reverencio y lo honro. Tomo seriamente su Palabra. De acuerdo con su Palabra, Dios se deleita en la persona que hace eso.

Él se deleita en usted cuando usted lee su Palabra y lo ama con todo su corazón. Hable su Palabra y camine en sus mandamientos. Empiece a decir: "Sé que Dios quiere bendecirme". Sus promesas para usted son poderosas cuando usted lo ama. Sus hijos serán fuertes y benditos. Usted no tendrá temor de malas noticias, porque estará confiando en el Señor. Usted conducirá sus asuntos con discreción, y triunfará sobre sus enemigos. (Vea Salmo 112.)

El miedo a no tener lo necesario es un enemigo terrible. Dios no quiere que usted viva su vida al nivel de la bolsa. Su voluntad es bendecirlo para que sea una bendición a otros. No quiero pastorear una iglesia al nivel de la bolsa. Dios ha levantado el cuerpo de Cristo para llegar a las naciones con las buenas noticias del evangelio. Eso requerirá recursos del nivel del granero.

Un testimonio de la gracia

Cuando recién comenzaba a pastorear nuestra iglesia, decidí que no tendríamos una mentalidad de bolsa, queriendo decir que no ignoraríamos las necesidades de los pobres e indigentes de nuestra comunidad y del mundo entero. Empezamos a alimentar a los pobres y a atender a los necesitados. Decidimos convertirnos en una iglesia caracterizada por su generosidad, que daría millones de dólares a las misiones mundiales.

Hubo ocasiones en que estábamos en programas de edificación muy importantes y necesitábamos dinero para lo que emprendíamos. La mentalidad de la bolsa ordena satisfacer primero las propias necesidades y aferrarse al monedero para uno mismo sin ayudar a otros. Pero durante esos tiempos continuamos dando, y aumentamos cada vez más. A medida que continuamos dando, progresamos de una mentalidad de no tener lo necesario a una de tener más que suficiente. Hoy, nuestro ministerio está totalmente libre de deudas y podemos dar como nunca antes.

Por la gracia de Dios hemos dejado atrás el nivel de la bolsa y estamos viviendo en el nivel del granero que es capaz de proveer para las necesidades de otros. Nuestra iglesia está llevando recursos a Haití para alimentar allí a niños pobres. Estamos trabajando con un centro de desnutrición para dar cada año 3.2 millones de comidas a los niños más necesitados. Dios nos dijo que diezmáramos de las ganancias de nuestro ministerio televisivo y diéramos a las naciones. También haremos lo mismo en África.

En nuestra área, hemos establecido el ministerio Freedom From Addiction (Libres de adicciones) para hombres, mujeres y adolescentes. Los otros ministerios de ayuda social son financiados más allá nuestros recursos del nivel del granero como iglesia. ¿Por qué Dios nos da la capacidad de hacer riquezas? Para que Él pueda establecer su pacto en la tierra. Quiere que llevemos el evangelio a toda criatura.

Si usted quiere tener un nuevo principio en el área de finanzas y combatir con éxito su temor a la falta de recursos, por favor haga esta oración de todo corazón:

> *Querido Jesús, gracias por tus maravillosas promesas de cuidar a tus hijos como un Padre celestial. Vengo*

a abrazar tu Palabra y a buscar primeramente tu reino. Renuncio al espíritu de pobreza y te pido que desates tus niveles de prosperidad en mi vida mientras obedezco tu Palabra. Ayúdame a dar con corazón generoso. No me dejes contentar con tener sólo lo necesario, sino permíteme el privilegio de dar también a otros. Creo que me mostrarás las estrategias que necesito para mi empleo y mi empresa para combatir cualquier carencia de recursos que enfrente ahora o en el futuro. Guárdame de la codicia y la voracidad, y hazme una bendición para mi comunidad y más allá. Amén.

ARSENAL del CAZADOR del MIEDO

El miedo a que falte lo necesario

Temed a Jehová, vosotros sus santos, pues nada falta a
los que le temen.
Los leoncillos necesitan, y tienen hambre; pero los que
buscan a Jehová no tendrán falta de ningún bien.
—Salmos 34:9–10

Pero lancen voces de alegría y regocijo los que apoyan
mi causa,
y digan siempre: "Exaltado sea el Señor,
quien se deleita en el *bienestar de su siervo".
—Salmos 35:27, nvi

Bienaventurado el hombre que teme a Jehová, y en sus
mandamientos se deleita en gran manera.

Su descendencia será poderosa en la tierra; la gene-
ración de los rectos será bendita.

Bienes y riquezas hay en su casa, y su justicia permanece
para siempre.

No tendrá temor de malas noticias; su corazón está
firme, confiado en Jehová.
—Salmos 112:1–3,7

Y si la hierba del campo que hoy es, y mañana se echa en el horno, Dios la viste así, ¿no hará mucho más a vosotros, hombres de poca fe?

—MATEO 6:30

Amado, yo deseo que tú seas prosperado en todas las cosas, y que tengas salud, así como prospera tu alma.

—3 JUAN 1:2

Mis cazadores del miedo personales

_____

_____

_____

_____

_____

_____

_____

_____

_____

_____

_____

_____

_____

_____

_____

_____

_____

_____

7

CAZAR EL MIEDO A FRACASAR

F RACASO. PRÁCTICAMENTE NO hay en el lenguaje humano otra palabra tan aterradora. Fracaso económico, fracaso en el matrimonio, fracaso en las notas, fracaso en cumplir los sueños. El temor al fracaso paraliza tanto que impide a mucha gente alcanzar sus sueños; simplemente no pueden enfrentar el riesgo de intentarlo y fracasar.

¿Cuál es su sueño? ¿Teme arriesgarse a fracasar en realizar su destino? Debe combatir el temor si quiere tener alguna esperanza de lograr el éxito que Dios tiene para usted. Sólo así podrá vivir en el propósito divino y en el destino en que sabrá que ha cumplido el supremo plan para su vida.

El temor al fracaso figura en la lista de los diez miedos humanos más importantes. Lo acompañan otros miedos "aprendidos" que incluyen el miedo a hablar en público, al rechazo, a la desaprobación, a cometer errores, a la soledad, a los problemas financieros y a la muerte.[1]

¿Sabía usted que hay más de dos mil miedos o fobias que han sido identificados en la experiencia humana? Sin embargo, de acuerdo con los psicólogos, los seres humanos nacen con sólo dos miedos básicos: el miedo a los ruidos fuertes y el miedo a caer. Todos los demás miedos son aprendidos.[2]

Esto significa que usted no nació con miedo al fracaso. Usted aprendió a temer al fracaso por lo que ha experimentado en su vida. El fracaso no estaba en la intención de Dios para la humanidad. El fracaso entró en la raza humana a causa del pecado.

Lo primero que hizo Adán después de haber pecado fue correr y esconderse de la presencia de Dios. Cuando Dios vino a tener comunión con él al fresco del día, Adán no estaba por ningún lado. Dios lo llamó, y Adán le respondió: "Oí tu voz en el huerto, y **tuve miedo**, porque estaba desnudo; y me escondí" (Gn 3:10, énfasis añadido).

El principal mal que Satanás soltó sobre la tierra por medio del pecado fue el miedo. Ahora, la gente sufre atormentada por toda clase de miedos que la paralizan y le impiden vivir una vida en victoria. El miedo evitará que usted haga el intento porque puede llegar a fracasar, a quedar como tonto o ser rechazado.

¿Recuerda el álbum *Thriller* de Michael Jackson? Esta canción y su video aparecen en el Guinness Book of Records (libro Guinness de los récords) de 2006 como el video más exitoso. Se concentra en el miedo que producen las películas de terror. ¿Por qué será tan popular? Porque se enfoca en el temor, y todo el mundo puede identificarse con el temor.

Pero Dios no quiere que usted esté paralizado por el temor. ¿Sabía que la Biblia dice: "No temas" o "No temerás" 365 veces? Es un "no temas" para cada día del año. Cada mañana, cuando usted se levanta, ¡hay un "no temas" de Dios esperándolo para que no se preocupe por lo que traiga el día!

He tenido que usar esas promesas de "no temas" para infundirme valor y llegar a ser lo que Dios quería que fuese. Cuando era joven, era tímido y retraído. No estaría hoy en el ministerio si Dios no me hubiese ayudado a superar mi miedo al fracaso.

LOS MOMENTOS DE TERROR PUEDEN CONVERTIRSE EN GRANDES OPORTUNIDADES

Algunos de los momentos más aterradores me han brindado las oportunidades más maravillosas. Cuando el Señor me llamó a predicar, yo estaba viajando con mi hermano, quien predicaba como evangelista. Me invitó a predicar una noche de los servicios de avivamiento en las que él ministraba. Durante toda la semana previa a ese día, estuve tan nervioso y asustado que me enfermé.

Usted nunca habrá conocido una persona más tímida, retraída e introvertida de lo que por entonces era yo. Mi corazón latía velozmente con sólo pensar que debía ponerme de pie frente a la gente. Ayuné y oré esa semana, y aún recuerdo el terror que sentí aquel día cuando entré al auto y mi hermano me condujo hasta el lugar de la reunión donde predicaría mi primer sermón.

Agonizaba en el asiento del pasajero, pensando en algo como "esto no está sucediendo, simplemente no está pasando". Allí estaba, a punto de pararme frente a cuarenta personas y predicar. Hubiera dado lo mismo que fuesen cuarenta mil personas, tan asustado estaba. Las ideas se agolpaban en mi mente. Pensé: "¿Qué crees que estás haciendo? No recordarás ni una palabra de lo que se supone que predicarás". Estaba seguro de que haría el ridículo. ¿Qué pasaría si fracasaba?

El pastor de la iglesia me presentó y anunció que daría mi primer sermón. Yo me encogía cada vez más en mi asiento, temiendo pasar una gran vergüenza y quedar como un tonto. Pero desafié mi miedo. Prediqué ese sermón. Fue un sermón lamentable, pero años más tarde me di cuenta de que al sobreponerme a uno de los momentos más aterradores de mi vida, había enfrentado mi mayor oportunidad. Había ingresado en mi mayor oportunidad.

Otro de mis momentos más aterradores fue cuando conocí a mi esposa. Junté valor para invitarla a salir, y ella aceptó. Me sentí aliviado y muy agradecido. Luego de haber salido unas cuantas veces, me di cuenta de que la relación se ponía más seria. Viajaba como evangelista en esos momentos y estaba ministrando en un avivamiento en Alabama. Así que le pedí que tratara de hacer los arreglos para viajar y verme en los cultos del fin de semana. Su tía y tío ofrecieron llevarla, y se hicieron todos los preparativos.

Antes de salir para Alabama, su madre le dijo que sabía que durante su visita yo le diría que la amaba. Por supuesto, no lo supe hasta después.

Le había pedido a que fuese a cenar conmigo después del culto, junto con sus tíos. Más tarde, esa noche, estábamos los dos solos sentados, conversando. Mientras hablábamos, encontré la oportunidad para decirle: "Te amo".

La conversación terminó abruptamente. Ella quedó en completo silencio por lo que me pareció una eternidad. Inmediatamente, entré en pánico. No sabía que ella estaba en shock, recordando lo que su madre le había dicho. Yo sólo sabía que le había dicho que la amaba y pensé que su silencio significaba que ella no sentía de lo mismo.

Así que entré en pánico, pensando que había malinterpretado sus sentimientos y que ella rechazaría mi amor. Rápidamente, traté de encontrar la forma de retractarme. Intenté buscar la manera de decir algo que la tranquilizara. Comencé: "Bueno, cuando alguien dice que te ama, eso puede significar muchas cosas; por ejemplo: 'Nunca antes me había sentido así' o 'Me intereso mucho por ti'. No significa necesariamente que esté enamorado de ti". Luchaba desesperadamente por encontrar la forma de salir de aquel dilema, cuando ella me interrumpió.

A través de la niebla de mi miedo, pude oírle decir: "Yo también te amo". El alivio inundó mi mente y mi corazón, y balbuceé: "OK, yo en realidad te amo". Como se dice habitualmente, el resto es historia. Muchas veces, nos hemos reído al recordar aquel momento, pero, ¿qué hubiese sucedido si me hubiese dejado vencer por el temor al rechazo? ¿Qué hubiera ocurrido si no hubiese corrido el riesgo de decirle lo que sentía? Podría haber perdido el gran amor de mi vida.

Luego, cuando le pedí que se casara conmigo, estaba aterrorizado. Pensé: "¿Y si tiene dudas? ¿Y si me dice que no?". Pero ella dijo que sí, y aquel momento aterrador me condujo a una de las mejores oportunidades de toda mi vida: la luna de miel. Llevamos casados veinte años y tenemos cinco hijos maravillosos. Podría haber perdido todo eso si hubiera cedido al temor. **Los cazadores del miedo aprovechan las oportunidades.**

Si usted es soltero, no tema iniciar una conversación. Siéntase libre para iniciar una amistad y ver si Dios la desarrolla hasta convertirse en una relación significativa. Para mí, tímido y retraído como era, el sólo hecho de acercarme a ella fue un gran desafío. Pero dejé atrás mi temor y corrí el riesgo, y estoy muy contento de haberlo hecho. Usted no sabe lo que se pierde si permite que su temor al rechazo lo paralice.

Tiempo después, dejamos la denominación en la que habíamos comenzado el ministerio porque Dios nos dijo que fuéramos a una pequeña iglesia de Gainesville. Mi mente me gritaba que volviera a casa y me quedara seguro en el ministerio donde estábamos cómodos. Pero Dios me dio el valor para dejar todo lo que me era familiar y que amábamos y comenzar a ministrar en la iglesia Free Chapel de Gainesville. Dios ha estado con nosotros proveyéndonos éxito.

Cada expansión de este ministerio requirió que me sobrepusiera al temor que me tentaba a quedarme en lo seguro. En ocasiones, hasta parecía imposible poder lograr lo que

Dios nos decía que hiciéramos. Construir instalaciones que costaban millones de dólares para satisfacer la visión que Dios nos había dado requiere valor. Extendernos en la comunidad e ir a las naciones ha sido un desafío en cada paso del camino. El temor nos hubiera hecho infructuosos en estas áreas.

Recientemente, Dios abrió una oportunidad para pastorear en el condado de Orange. Cuando subí al avión por primera vez para ir a California, mi mente me decía que yo no sabía lo que estaba haciendo. ¿Cómo podría pastorear una iglesia en la Costa Este y otra en la Costa Oeste, ambas en el mismo día?

Pero ahora la iglesia del condado de Orange ha crecido a varios miles de personas y realiza diferentes acciones de alcance a la comunidad. Si Dios dice que hagamos algo, debemos hacerlo y avergonzar al enemigo. Combata el temor que él trata de poner en su camino. *Los cazadores del miedo aprovechan las oportunidades.*

Cuando miro hacia atrás hasta aquel primer sermón que prediqué en esa pequeña iglesia de campo, me doy cuenta que el mensaje fue importantísimo. Fue un regalo de Dios darme una oportunidad de entrar en mi destino. Ahora, Dios me da la oportunidad de predicar a multitudes por medio de viajes y de la televisión. Todo se debe a aquel primer mensaje que prediqué en uno de mis momentos más aterradores.

Cuando recuerdo el momento en que le pedí a mi esposa nuestra primera cita, me doy cuenta que haber vencido aquella situación aterrorizante, me abrió una maravillosa puerta a mi futuro. Atreverme a desafiar mi temor me llevó a oportunidades únicas para caminar en el destino que de otra manera hubiera perdido.

¿Y qué sucede con usted? Me pregunto cuáles son las oportunidades que Dios ha puesto en su vida para llevarlo a un éxito increíble, y ante las cuales usted está retrocediendo. ¿Qué es lo que ha temido hacer que podría haber sido una oportunidad dada por Dios para su futuro? Dios quiere que usted saque ventaja de sus oportunidades. Quiere que experimente el éxito en proporciones increíbles si caza sus miedos y corre el riesgo.

Las probabilidades pueden estar contra usted. La familia se le puede oponer. Quizá piense que está siendo un tonto, y que el resultado será cuestionable. Pero si espera el momento perfecto, con poco o ningún riesgo de fracasar, nunca cumplirá el destino que Dios tiene planeado para usted. Siempre se corren riesgos.

Lo que puede parecer una oportunidad insignificante, como mi primer sermón, podría ser una enorme puerta balanceándose en una pequeña bisagra: su decisión de sacar ventaja de una pequeña oportunidad.

¿Cuál es su contribución?

Thomas Edison falló en seis mil intentos de crear una lamparita eléctrica que funcionara. En una ocasión, un joven periodista le preguntó por qué seguía intentando, y fallando, para lograr producir luz mediante la electricidad: "¿No sabe usted que las lámparas de gas se usarán siempre". Edison le respondió: "No he fallado. Sólo he encontrado diez mil maneras que no funcionan".[3]

Raymond Kroc tuvo poco éxito en un gran número de empresas hasta que conoció los restaurantes de hamburguesas de los hermanos McDonald. Estaba viajando por el país, vendiendo licuadoras. Después de haberlo hecho durante un tiempo, Kroc arriesgó todo para comprar los negocios de hamburguesas de los hermanos McDonalds. Implementó la idea de línea de montaje de Henry Ford en sus restaurantes, y cambió la forma en que se preparaban las hamburguesas. A través de sus esfuerzos, nació el arco dorado de McDonald's.[4]

CAZADORES DEL MIEDO

El miedo al fracaso hace
que usted se esconda
de la oportunidad.

¿Qué hubiera ocurrido con el progreso científico de nuestro siglo veintiuno si Thomas Edison hubiera abandonado sus experimentos con la lámpara eléctrica después de haber fracasado diez mil veces? ¿Cuántas hamburguesas y papas fritas de McDonald's hubiera podido comer usted si Ray Kroc no hubiera superado su fracaso en los negocios? Ellos se negaron a aceptar el fracaso y siguieron buscando una mejor oportunidad para su potencial éxito.

¿Hará usted su contribución al mundo, como Dios lo ha planeado? Creo que uno de los lugares más ricos del mundo es el cementerio. ¿Cuántas personas se han llevado a la tumba su potencial para escribir libros, componer música, curar enfermedades o inventar un instrumento vital por el miedo al fracaso? ¿Cuántas personas jamás alcanzan nada porque temen verse como tontas si lo intentan? El temor al fracaso hace que usted se esconda de la oportunidad.

¿CÓMO DEFINE USTED EL FRACASO?

Fracasar, según el diccionario Webster, significa: "No cumplir, ser infructuoso, no satisfacer expectativas, ser inadecuado o caer en bancarrota". De acuerdo con esta definición, ¡el índice de fracaso de la raza humana es del 100 por ciento!

Es imposible que un ser humano pueda eliminar el fracaso de su vida. Así que la pregunta es: ¿Qué hará usted cuando falle? ¿En una relación? ¿En los negocios? ¿En alcanzar sus metas personales? ¿Cederá ante el miedo al fracaso y dejará de luchar?

Usted debe convertirse en un cazador del miedo. A menos que decida luchar contra su miedo al fracaso, se paralizará ante la sola idea de correr riesgos. Lo importante que debe recordar cuando falla es no abandonar. La historia demuestra que el fracaso realmente puede convertirse en un catalizador que lo impulse hacia el éxito.

Napoleón era el cuadragésimo segundo en una clase de cuarenta y tres alumnos, pero condujo exitosamente un ejército para conquistar el mundo. George Washington perdió dos tercios de sus batallas militares, pero ganó la Guerra Revolucionaria contra probabilidades abrumadoras. La lista de fracasos de la vida de Abraham Lincoln supera sus éxitos antes de que se convirtiera en uno de los más importantes presidentes de los Estados Unidos en 1861. He aquí algunos de los fracasos que experimentó:

Fracasos de Abraham Lincoln
1832—Perdió su empleo, al perder su puesto de legislador
1833—Su negocio fracasó
1835—Falleció el amor de su vida
1836—Sufrió un colapso nervioso
1838—Perdió en Illinois la elección como Presidente de la Cámara de Representantes
1843—Perdió la nominación al Congreso
1848—Perdió la renominación
1854—Perdió la elección para el Senado de los Estados Unidos
1856—Perdió la elección para ser candidato a vicepresidente
1858—Volvió a perder la elección para el Senado de Estados Unidos[5]

A Albert Einstein se lo consideraba un burro y le decían que cambiara sus estudios de física a alguna otra disciplina. Hoy su nombre es sinónimo del término *genio*. Se le acredita el descubrimiento de la teoría de la relatividad y es llamado el *Padre de la era atómica*. La comunidad científica lo llama el científico más grande desde Sir Isaac Newton.[6]

Cuando usted piensa en George Washington, Abraham Lincoln o Albert Einstein, probablemente no recuerda sus fracasos. Recuerda sus contribuciones al mundo. Sin embargo, ¿cómo hubiera cambiado la historia si esos éxitos hubiesen sido abortados, si ellos hubiesen abandonado ante el primer fracaso?

Usted debe entender que el fracaso no es definitivo. La Biblia dice que el justo puede caerse siete veces y otras tantas se levantará (Pr 24:16). Y el fracaso no es fatal. Se puede volver a empezar luego de un fracaso. Es el miedo al fracaso lo que puede ser fatal para las metas de su vida. El temor le impedirá volver a intentarlo. Usted necesita entender que el fracaso no es definitivo.

En el béisbol, las superestrellas fallan en pegarle a la bola el 70 por ciento de las veces. Si logran un promedio de bateo de 300 o superior son considerados los mejores del juego. Esto significa que por cada mil veces que van a batear, fallarán en llegar a la base 700 veces. Estos campeones atléticos tienen que vivir con ese enorme índice de fracasos cada día.

Roger Bannister, un joven estudiante de medicina de Oxford, quería formar parte del equipo de atletismo. Trabajó muy duro para ponerse en forma. Y en 1952, corrió en las Olimpíadas y no ganó. No sobrepasó el cuarto puesto por lo que no ganó ninguna medalla. Pero Roger Bannister no abandonó ante aquella derrota.

Los expertos han llegado a la conclusión de que era humanamente imposible correr una milla en menos de cuatro minutos. Sin embargo, ésa era la meta de Bannister. Y el 6 de mayo de 1954, se convirtió en el primer hombre que corrió una milla en menos de cuatro minutos. Su récord fue de 3 minutos 59.4 segundos. Él se negó a aceptar el pensamiento de imposibilidad de los expertos. Luego del éxito de Bannister, otros atletas también fueron inspirados a romper aquella barrera de cuatro millas por minuto.[7]

BENEFICIOS DE FRACASAR

Si usted no se da por vencido cuando fracasa, terminará por tener éxito en la vida. Cuando los bebés aprenden a dar sus primeros pasos, comienzan golpeándose con cada mueble que haya en la casa. Se caen y se vuelven a levantar, luego se caen otra vez y se vuelven a levantar hasta que logran mantener el equilibrio necesario para poder caminar.

La vida también es así. Usted debe decidir levantarse cada vez que se caiga. Mantenga la vista al frente. No pierda tiempo lamentándose por los fracasos del pasado. Tiene que alcanzar metas que requieren toda su energía.

El fracaso realmente tiene grandes beneficios para su vida. Alguien ha llegado a una sabia conclusión: "Es un error suponer que todas las personas llegan al éxito por medio del éxito; a menudo obtienen el éxito gracias a los fracasos".[8]

El salmista dijo que era bueno para él fracasar, porque por medio de su fracaso aprendía las consecuencias de sus acciones. Reconoció que estaba yendo en dirección equivocada, y que podía cambiar para llegar a agradar a Dios y triunfar en la vida. (Sal 119:6–7).

Cuando las personas fracasan en cierta área, esto los lleva a explorar otros caminos al éxito. La mayor parte del éxito en la vida está basado en el principio de ensayo y error. Recuerde, fracasar no es no alcanzar la meta. Fracasar es simplemente no hacer el esfuerzo.

Algunas veces, fracasar lo ayudará a descubrir su verdadera área de éxito. Por ejemplo, cuando usted odia su trabajo es probable que fracase en él. Pero perder ese odiado puesto, puede empujarlo a perseguir lo que realmente quiere hacer.

Nathaniel Hawthorne estudió para llegar a convertirse en un exitoso escritor. Sin embargo, su primera novela fue un fracaso. No podía vivir de sus escritos, y quería casarse. Así que Hawthorne tomó un trabajo como encuestador para poder pagar las cuentas. Pero terminaron despidiéndolo de ese puesto.

Desperado, volvió a escribir, algo que amaba, sabiendo que

debía lograr vivir de eso. Escribió diligentemente y logró su famosa novela *La letra escarlata*. Fue un éxito inmediato. De allí en más, Hawthorne pudo disfrutar su anhelada carrera como escritor.[9]

Otro beneficio de fracasar es que lo hará ser menos juzgador. Cuando usted falla, se vuelve más comprensivo con las fallas de las otras personas. Ya no volverá a patear a los demás cuando estén en el suelo, con comentarios como: "No puedo creer que haya hecho eso". Ahora sabe cómo duele fallar, y podrá sentir el dolor de otros porque usted mismo lo ha experimentado.

No permita que el miedo al fracaso le robe la productividad y el gozo de la vida. Esté dispuesto a fracasar y a aprender de esa experiencia. No podrá vivir una vida perfecta sin cometer algunos errores.

La Biblia usa un lenguaje agrícola al decir que para ser productivo usted deberá soportar un granero desordenado. Si el granero está vacío, permanecerá limpio. Pero si el buey está ahí, habrá algún desorden (Pr 14:4). ¿Quiere ser productivo o tener un granero limpio?

Si usted decide casarse y tener hijos, le garantizo que experimentará algo de *desorden*. Es inevitable que los niños *desordenen el granero*. Eso viene con la bendición de la familia. Los hijos vienen con un coeficiente problemático incluido. Puede optar entre vivir solo y disfrutar una vida menos complicada, o aceptar los problemas que conlleva tener una familia, así como sus alegrías.

La respuesta para superar todo miedo es estar dispuesto a correr riesgos. A veces pueden asustar. Un cazador del miedo en ocasiones sentirá temor. El salmista declaró: "En el día que temo, yo en ti confío" (Sal 56:3). Así es como se supera el miedo al fracaso y se vive una vida feliz y productiva.

CACE EL TEMOR CON VALOR COMO JOSUÉ LO HIZO

Cuando mi papá murió repentinamente a los cincuenta y seis años, dejó una congregación que lo había tenido como su *Moisés*. Me di cuenta de que el temor los había paralizado y que les impedía alcanzar su destino como iglesia. Después de su funeral, Dios me dio un mensaje para la iglesia que la ayudó a avanzar hacia su tierra prometida.

Prediqué sobre el encuentro que tuvo Josué con Dios después de la muerte de Moisés. Dios le dijo a Josué cuatro veces que no temiera. Y le dio cuatro razones para no claudicar ante el temor. Dios sabía que el peor enemigo que él podría enfrentar no serían los gigantes que habitaban esas tierras, sino esas vocecitas internas que le decían que no lo lograría. Serían las voces del miedo que le gritaban: "¿Quién te crees que eres? No eres capaz".

¿Está usted enfrentando una situación difícil? ¿Sus circunstancias han cambiado inesperadamente? Debe estar dispuesto a hacerles frente a esas voces intimidatorias y correr el riesgo de avanzar hacia su destino. Usted no puede caer en el espíritu de timidez y volverse atrás cuando las cosas se ponen difíciles.

Dios le estaba dando a Josué una palabra de ánimo para que superase el temor. Le podría haber dicho a Josué cómo formar un gran ejército y cómo ser un gran líder. Pero lo único que le dijo fue que no permitiera que el espíritu de temor se apoderara de él. Si un espíritu de temor comienza a dominarlo, hará que usted huya de la victoria que Dios le tiene preparada.

> ## CAZADORES DEL MIEDO
> Dios puede solucionarlo todo, siempre y cuando usted afronte la situación en su poderoso nombre.

Dios tiene todo poder para obrar por medio de usted cuando usted rechaza el temor. Debe convertirse en un cazador del miedo para poder enfrentar a los *gigantes*. Entonces Dios peleará por usted y ganará la batalla. Dios le está diciendo a usted lo que le dijo a Josué. Si se atreve a obedecer todo lo que Él le diga, ¡seguirá venciendo! Si puede mantenerse libre de ese espíritu de temor, nada lo podrá derrotar.

Razón 1: Por el bien de las personas

Primero, Dios le dijo a Josué que se esfuerce y sea valiente *por el bien de las personas* (Jos 1:6). Cuando usted enfrenta la vida con valentía y sigue a Dios con todo su corazón, otros que están a su alrededor se beneficiarán con su éxito. Su familia, sus amigos y los demás sobre quienes usted ejerce influencia serán capaces de seguirlo a la Tierra Prometida por su testimonio, sus decisiones piadosas y su valor para correr riesgos y convertirse en un cazador del miedo.

Su vida es más que llegar a la Tierra Prometida y cumplir con su destino. Nadie vive aislado. Su matrimonio, sus hijos, su empleador o sus empleados, amigos, e incluso las almas perdidas que lo rodean lo están observando. Quieren ver si enfrenta los problemas con valentía o si se derrumba por el miedo. Ellos podrán aprender de usted a superar el miedo cuando lo vean enfrentar valientemente los obstáculos hacia el éxito.

Dios habló a mi corazón sobre esta realidad en uno de los valles más oscuros que jamás haya afrontado como pastor. Había una batalla feroz contra mi ministerio y la iglesia. La fatiga mental, emocional y física me abrumaba. Parecía haber muy poca posibilidad de victoria o recompensa frente a circunstancias aplastantes.

El Señor me dijo: "No temas, *por el bien de la gente*". Su Palabra me ayudó a aunar un valor sobrenatural para no renunciar por ellos. Y hoy Dios ha ganado esa abrumadora batalla y nos ha dado una cosecha de almas mucho mayor que la que jamás podría haber imaginado. Cada vez que la fe es probada y prevalece el valor, crece más y es equipada para victorias mayores que vendrán.

Así como el pueblo de Israel entró a su Tierra Prometida siglos atrás, nosotros podemos entrar a nuestra tierra prometida en Cristo. Ellos forman parte de nuestra historia en el plan de Dios para enviar al Mesías por medio de esa nación. Necesitábamos que ellos tuvieran éxito para que se cumpliera el plan de Dios con el Salvador.

De la misma manera, hay gente que acompaña su vida, y Dios necesita que usted tenga éxito porque ellos dependen de usted. No está cazando el miedo sólo por lo que usted mismo consiga a cambio. Dios ha sumado a otros a su sueño y a su destino. No subestime el poder que tendrá su vida sobre las generaciones futuras cuando supere el miedo... *por el bien de los otros.*

Razón 2: Ser valiente por su propio bien

Dios le dijo a Josué que no temiera *por su propio bien*. Le dijo que no temiera para que fuera prosperado en todas las cosas que emprendiera (v. 7). Él había sido preparado en el desierto para conducir al pueblo de Israel a la Tierra Prometida y su mentor había sido el mismo Moisés. Dios no quería que el miedo al fracaso paralizara a Josué y le impidiera completar la tremenda tarea que tenía por delante.

¿Se siente disminuido ante una oportunidad que le parece demasiado grande para usted? Si ha entregado su vida a Cristo, puede esperar que Él lo capacite y le provea los recursos necesarios para obtener el éxito. Su meta principal es resistir el temor y confiar en Dios, quien lo conducirá por esa puerta de oportunidad.

Dios había invertido mucho en Josué. El éxito o el fracaso de toda una nación estaban sobre sus hombros. Le recordó a Josué que no temiera, no sólo por el bien de aquellas personas, sino por el suyo propio, para que fuera prosperado dondequiera que fuese.

Dios también ha invertido mucho en usted. Como hijo suyo, usted debe confiar en que Él le dará el éxito por su propio bien. Es el deseo que Dios que usted sea prosperado en todo lo que emprenda.

Razón 3: Ser valiente por el bien de Dios

Dios le dijo a Josué que no temiera *por el bien del Señor* (v. 9). Dios le prometió a Josué que estaría con él dondequiera que fuese. El Señor tenía más interés en el éxito de Israel que él. Su plan eterno para enviar al Mesías dependía del éxito de Israel. Dios haría su parte para convertir a esos esclavos en una nación que sirviera al Dios verdadero.

Las naciones paganas que los rodeaban habían visto las plagas sobrenaturales que Dios envió para sacar a su pueblo de Egipto. Si ahora fallara en conquistar la Tierra Prometida, atribuirían ese fracaso a su gran nombre. Dios necesitaba que Josué exhibiera gran valentía *por el bien del Señor*.

La reputación de Dios está en juego cuando Él le hace a usted una promesa. Si por miedo usted fracasa en heredar sus promesas, su fracaso afectará en última instancia el gran corazón de Dios. Él lo ama y ha decretado que usted ande en sus caminos y cumpla su destino confiando en su gran amor. Y Él tiene un plan para su éxito.

Razón 4: Ser valiente por el bien de los enemigos

Dios le dijo a Josué que no temiera *por el bien de los enemigos* (v. 18). Dios sabía que había enemigos que esperaban a su pueblo. Le dijo a Josué que mostrara su esfuerzo y su valentía al enfrentarlos. Le prometió estar a su lado y pelear por él. Josué sólo necesitaba conquistar el miedo por el bien de los enemigos.

Por el bien de sus enemigos, Dios quiere probar la victoria de Él en su vida. El rey David escribió: "Aderezas mesa delante de mí en presencia de mis angustiadores; unges mi cabeza con aceite; mi copa está rebosando" (Sal 23:5). Dios vindica a sus siervos cuando se niegan a temer a sus enemigos.

A veces, es bueno tener enemigos. Un enemigo puede impulsarlo hacia la victoria, donde un amigo no puede hacerlo. ¿Quién hubiera oído jamás sobre David sin Goliat? ¿Hubiera usted sabido algo de Moisés si el Faraón no hubiese oprimido al pueblo de Dios? ¿Y qué sabría de Ester sin la malvada trama de Amán contra los judíos?

¿Cuál es su sueño? ¿Hay algún enemigo que se interpone entre usted y su cumplimiento? Atrévase a confrontar a su enemigo sin miedo ni intimidación, y en las manos de Dios se convertirá en un instrumento que lo impulsará hacia su destino.

Su Padre celestial es más celoso en protegerlo de sus enemigos que usted en proteger a sus hijos del matón de la escuela. Cuando se sujeta a su señorío, Él asume la responsabilidad de pelear por usted. A veces, Dios lo bendecirá sólo porque su enemigo ha venido contra usted. Es como Él dice: "No voy a dejar que fracases porque tengas muchos enemigos". Usted no debe temer.

Cuando Absalón, el hijo de David, lo traicionó para quitarle el trono, un hombre llamado Simei lo siguió. Insultaba continuamente a David y le arrojaba piedras. El siervo de David le pidió permiso para matar a Simei. Pero David le dijo: "Dejadle que me maldiga... Quizá mirará Jehová mi aflicción y me dará Jehová bien por sus maldiciones de hoy". (2 S 16:11–12). Absalón murió ese día, y el trono le fue restaurado a David. Una vez más, Dios había preparado una mesa para David en presencia de sus enemigos.

La congregación de mi padre fue alentada por este mensaje a convertirse en cazadores del miedo. La iglesia creció y fue más poderosa que nunca. No se amilanaron ante el miedo. Fueron hacia adelante con el valor que Dios les dio para cumplir su destino.

¿LUCHARÁ POR SU "CAMPO SEMBRADO DE LENTEJAS"?

El rey David mostró sabiduría al rodearse de hombres íntegros y de carácter. Eran hombres valientes que estaban dispuestos a morir por sus convicciones. Uno de esos hombres se llamaba Sama. Él se paró en medio de aquel campo sembrado de lentejas y lo defendió y mató a los filisteos cuando todos los demás habían huido. Él estaba consagrado a David y peló solo y a pesar de todo para defender un campo sembrado de lentejas.

¿Por qué un hombre podría estar dispuesto a morir por un campo sembrado de lentejas? Seguramente, no será por el valor monetario de esas lentejas. Ese vulgar campo sembrado de lentejas no era algo valioso. Era fundamental. Sama entendió que si cedía esa posición, el enemigo podía seguir acercándose y ganarles más terreno.

Si él cedía ese terreno, ¿qué vendría después? ¿Su casa? ¿Sus hijos? ¿Su ciudad? Hay una poderosa lección al plantarse solo contra el miedo. En el momento en que cede un ápice al miedo, luego tendrá que ceder más territorio. Y antes de que llegue a darse cuenta, perderá todo lo que tenía en Dios por no haberse puesto firme.

¿De qué convicciones ha claudicado? Tal vez parezcan cosas pequeñas: una mirada a una revista pornográfica, utilizar una palabrota en el trabajo, mentir en los impuestos. Entienda que todas esas cosas que parecen pequeñas, en realidad son fundamentales para su vida cristiana. Cuando cede un poco en sus convicciones... pequeños actos de obediencia que nadie notará, luego resulta más fácil ceder en cuestiones fundamentales de la vida.

Debe decidir mantenerse firme en su *campo sembrado de lentejas* para derrotar a su enemigo y evitar que él quite de su vida más *territorio* valioso. Cuando Sama defendió ese campo, matando a los enemigos filisteos, Dios lo condujo a una gran victoria. La batalla en la que desafió a la muerte se convirtió en una gran oportunidad para Sama. Ese día él no sólo derrotó al enemigo, también entró en su destino: convertirse en uno de los valientes de David.

Usted debe ser como Sama. Apóstese para cazar sólo al enemigo cuando los demás huyen. Manténgase firme hasta en sus más pequeñas convicciones, aún cuando los demás transijan con el enemigo. Será así como podrá ayudar a las fuerzas de la justicia en la batalla invisible que Dios pelea por usted.

Lo único que impide que las fuerzas del mal cumplan sus maquinaciones en usted y su familia es plantarse y decir: "Aunque parezca un tonto, ¡este campo sembrado de lentejas me importa!". ¡Sus convicciones importan!

No deje que ningún vestigio de temor se aloje en su corazón, póngase firme contra él. Hágalo simplemente porque es lo correcto. Viva según los principios de la libertad y la verdad, y logrará en las vidas de los otros un impacto tan grande como jamás haya podido imaginar. Nada es demasiado pequeño como para no defenderlo del ataque del enemigo.

EL EFECTO MARIPOSA

¿Ha oído alguna vez el término científico llamado *efecto mariposa*? Es un término de la física que describe minúsculos cambios en las condiciones iniciales (como el aleteo de las alas de la mariposa) que pueden llegar a tener efectos a gran escala en el desarrollo del clima a miles de millas de distancia. La frágil mariposa puede alterar el patrón climático de otro estado, y aún de otro continente.[10]

Basándose en la teoría del caos, los científicos han aprendido que el aleteo de esas pequeñísimas alas de la mariposa causa una cadena de eventos que producen alteraciones climáticas a gran escala. Si la mariposa no hubiera aleteado, la trayectoria del sistema climático podría haber sido infinitamente diferente. El aleteo de la mariposa no causa el tornado, pero es una parte esencial de las condiciones iniciales que resultan en una violenta tormenta a cientos de millas de distancia.[11]

¿Qué lección podemos aprender de este *efecto mariposa*? A veces usted puede sentirse tan insignificante como una frágil mariposa. Puede parecer que sólo está *agitando sus alas* cuando se planta solitario por la verdad y la honestidad en su lugar de trabajo o en su hogar. Tal vez se sienta tonto, hasta atemorizado por las consecuencias. Siente que está haciendo apenas algo insignificante, difícilmente perceptible, *aleteando* contra tremendas probabilidades.

Sin embargo, en el gran esquema de las cosas, el "aleteo de sus alas" está iniciando cambios que influenciarán las vidas que lo rodean por toda la eternidad. Mantenerse firme aún por sus mínimas convicciones tendrá enormes consecuencias para usted y para los demás. Puede vencer los propósitos que el enemigo tiene para su vida y soltar el propósito de Dios para que se convierta en realidad. No tema involucrarse en el *efecto mariposa*.

No debe temer al león

Winston Churchill era conocido por su sabiduría extremadamente práctica. Al liderar a Gran Bretaña en los oscuros días de la Segunda Guerra Mundial, desafió a su nación a no temer:

> Uno jamás debe volver la espalda a un peligro amenazador y tratar de huir de él. Si lo hace, duplicará el peligro. Pero si de inmediato lo afronta, sin resistirse, reducirá el peligro a la mitad. Jamás huya de nada. ¡Jamás![12]

Uno de mis héroes bíblicos favoritos es un hombre llamado Benaía, que no le dio la espalda al peligro. De hecho, persiguió al león, que es uno de los animales más peligrosos que se puedan encontrar. Conocido como el rey de las bestias por su gran fuerza, los leones machos pueden medir más de ocho pies (2,4 m) de largo, sin contar la cola.

> ## CAZADORES DEL MIEDO
> Un cazador del miedo asume riesgos aún con todas las probabilidades en su contra.

Estos carnívoros tienen treinta filosos y penetrantes dientes, caninos para agarrar y matar a su presa, y molares como tijeras para trozar la carne. Y son capaces de alcanzar altas velocidades en cortas distancias, especialmente cuando atacan presas veloces.[13]

Benaía era el hijo de un valiente guerrero, Joiada (2 S 23). Parece que la valentía de su padre había influenciado a Benaía para que también se convirtiera en un temible guerrero. Un día de nieve, Benaía decidió perseguir a un león, sabiendo que debía matarlo o morir en ese encuentro.

La Biblia nos cuenta el resultado de ese encuentro, pero no los detalles. Dice que Benaía saltó a un foso donde estaba el león y lo mató. Él iba siguiendo al león; no era que el animal lo estuviese acechando. Evidentemente, estaba solo. Tenía que confiar en que su valor lo libraría de la terrible muerte que sólo un león podría infligirle.

Para ser un cazador del miedo, usted no puede ser "uno del montón". Debe tener el valor necesario como para asumir riesgos, aún con todas las probabilidades en contra. Debe ser como Benaía y perseguir a su *león* que represente una amenaza para usted y su familia.

Ese león era una oportunidad para Benaía. ¿Sabría que vencer a ese león se convertiría en parte de su currículum? ¿Que abriría una puerta para que él se convirtiera en uno de los valientes de David? Probablemente no. Pero de todos modos lo persiguió.

Y después de convertirse en guardaespaldas del rey David, Benaía fue ascendido a capitán del ejército de Israel bajo el rey Salomón. Se convirtió en el segundo hombre más poderoso de Israel gracias al intrépido valor que demostró. Cada situación peligrosa que Benaía enfrentó se convirtió en una oportunidad para llegar a ser un victorioso cazador del miedo.

Los cazadores del miedo se aprovechan de las oportunidades. No esperan ser atacados; van a la ofensiva cuando se les presenta la oportunidad. Dios quiere que usted tome ventaja de sus oportunidades. Si usted canta, únase al coro. Si está pensando en iniciar una nueva empresa, cumpla los pasos para investigar sus posibilidades. Si se siente solo, haga un esfuerzo por entablar nuevas amistades.

Puede parecerle su momento más aterrador. Entiendo cómo se siente. Pero a Dios le gusta que usted se mueva en fe y conquiste sus miedos. Cuando dije que "sí" a la primera oportunidad de predicar en el culto de avivamiento de mi hermano, subí a ese púlpito asustado y sintiéndome débil.

En ese momento, no sabía que mis frágiles *aleteos* estaban cambiando el clima espiritual de los patrones de mi vida. Y ni soñaba que aquel pequeño sermón podría comenzar a soplar un cambio en las vidas de una iglesia de Gainesville, Georgia, a otra iglesia del condado de Orange, California, y a las naciones del mundo.

Busque y aférrese incluso a las más pequeñas oportunidades que Dios le ofrezca. Ore y pídale a Dios que le hable y le muestre qué es lo que quiere que usted haga. Cuando Dios está con usted, Él cambia las *probabilidades*. Cuando Dios entra en la ecuación, su nada, más lo todopoderoso de Dios suma más que suficiente.

Declare su Palabra: "Todo lo puedo en Cristo que me fortalece" (Fil 4:13). Entonces, aunque lo que tenga sea un *quizá*, usted será capaz de conquistar su miedo y pararse solo sobre su fe.

¿QUÉ HACER CUANDO TODO LO QUE SE TIENE ES UN QUIZÁ?

¿Le gusta tener todo asegurado antes de correr ningún riesgo? ¿Quiere invertir su dinero en algo que le garantice una cierta tasa de interés? ¿Necesita saber que le agrada a alguien antes de ofrecerle su amistad? Muchas veces cuando Dios quiere que usted haga algo, no parece ser muy seguro al principio. La mayoría de los grandes milagros de la Biblia ocurrieron cuando las personas se pararon en fe sobre un *quizá*.

En una ocasión, Jonatán, el hijo del rey Saúl, estaba persiguiendo al gran ejército filisteo. Me sorprendió lo que le dijo a su paje de armas. No le dijo que tenía una palabra del Señor y que sabía que iban a ganar la batalla. Jonatán simplemente le dijo: "Ven, pasemos a la guarnición de estos incircuncisos; **quizá haga algo Jehová por nosotros**" (1 S 14:6). *¿Quizá* el Señor nos ayudará? Y si no lo hace, ¿entonces qué? No parece ser una propuesta sin riesgos.

Jonatán tenía fe en que Dios estaba con él. Pensaba que peleaba a su lado contra los enemigos de Israel. Pero aún así, no estaba seguro de qué ocurriría en aquella confrontación. Así que dijo: "Quizá…". Jonatán y su paje de armas arriesgaron sus vidas en fe y tuvieron apenas un quizás.

Cuando se mostraron ante los filisteos, comenzaron a luchar contra algunos de ellos a campo abierto, y mataron a unos veinte hombres. El Señor estaba con Jonatán y esto causó pánico y gran consternación en todo el ejército filisteo. Comenzaron a matarse unos a otros y a huir ante estos dos guerreros que se habían atrevido a creerle a Dios con su *quizá*.

La trampa de esperar lo seguro

Recuerde siempre que la valentía no es la ausencia de miedo; es el dominio del miedo. Usted debe aprender a dominar el miedo a la incertidumbre. El rey Salomón, el hombre más sabio que jamás haya existido, dijo que: "El que al viento observa, no sembrará; y el que mira a las nubes, no segará" (Ecl 11:4).

Salomón estaba diciendo que a veces se deben correr riesgos, incluso cuando parece que el *clima* está contra usted. De no ser así, nunca podrá hacer nada que valga la pena. Es mejor sembrar y cosechar pese a tener viento en contra y otras inseguridades.

Si usted es como yo, querrá esperar antes de arriesgar, hasta que las condiciones sean perfectas y esté absolutamente seguro de que tendrá éxito. Querrá saber para dónde irán las *nubes* y cuál será el efecto del *viento* en su empresa.

No siempre tengo un sermón del que esté absolutamente seguro de que es Palabra del Señor para ese momento en que me pongo de pie en el púlpito para predicar. A veces, *dudo* acerca de lo que el Señor quiere que predique. Muchas veces, cuando he predicado el mensaje de *quizá* que había preparado, el Señor obra poderosamente en los corazones y las vidas de los creyentes y no creyentes por igual.

Sería maravilloso si Dios mandara desde el cielo un fax o un ángel que lo golpee a uno en la cabeza para darle la dirección divina. Con frecuencia, Dios habla en un susurro, en un silbo apacible, o por una impresión que recibimos orando o cuando leemos la Palabra. Él puede darle una idea cuando usted esté escuchando a alguien predicar o cuando esté leyendo el periódico. La idea o la impresión comienza a crecerle adentro, y usted se pregunta si puede haber sido Dios. *Quizá* Él quiera que usted haga eso.

Nosotros queremos el resultado garantizado. Estamos más cómodos con un trato seguro y completo, sin riesgo de falla ni pérdida. Pero la verdad es que vamos a tener que enfrentar más veces un quizá que una garantía. Es en esos momentos de incertidumbre que se prueba nuestra resolución, se prueba nuestra fe y se examina nuestra valentía.

Su fe y su valor son fortalecidos con mayor facilidad cuando usted debe vivir cautelosamente o cuando explora el quizá mientras medita en su Palabra y se somete al señorío de Jesucristo. Puede que no se sienta cómodo con este nivel de dependencia de Dios. Su mente y su deseo carnal fácilmente lo llevan a querer tener un claro entendimiento de *lo seguro*. Pero la fe en el quizá de Dios es un lugar seguro. Dios puede transformar su quizá en un milagro.

No hablo de ser presuntuoso ni de presionar para lograr sus propios deseos personales. A veces, cuando queremos que suceda algo, suponemos que Dios también quiere lo mismo. Cuando siente que Dios le está diciendo algo, especialmente si tiene que ver con una decisión importante, usted debe buscar el consejo de su pastor o de algún otro líder espiritual.

Jamás tomo una decisión importante sin antes permitir que dos o tres líderes espirituales la confirmen. Este es un principio bíblico para buscar el consejo de Dios. Les pido que oren por el tema en cuestión y vean si Dios les dice algo contrario.

Después de buscar consejo, pregúntese: *¿Es correcta mi motivación? ¿Sólo quiero hacer la voluntad de Dios?* Entonces sí, usted podrá decir confiadamente: *Puede ser que el Señor esté conmigo.*

He visto a Dios hacer milagros por mí muchas veces cuando estuve dispuesto a buscarlo y a actuar en fe basado en un quizá. Mi motivación era correcta; estaba orando y estudiando y esperando en Dios. Busqué consejo y luego actué en fe contra todas las probabilidades. Y Dios transformó mi quizá en un milagro.

El secreto para entrar en lo *sobrenatural* es que usted tenga el valor de hacer primero lo *natural*. Jonatán sabía que no podía igualar al ejército filisteo, pero lo enfrentó con valentía con un quizá el Señor estaría con él. Sin esta acción, Dios no podía intervenir y cambiar su quizá en un milagro.

¿Cuáles son sus opciones?

Considere sus opciones. Si está luchando con sus finanzas, ¿va a ceder ante el temor y dejará que le gane la derrota? ¿Permitirá que su sueño de comenzar un nuevo negocio se muera por el riesgo que implica? ¿Esa relación potencial le da demasiado miedo como para luchar por ella? ¿Pondrá en riesgo sus convicciones piadosas para complacer a sus hijos?

No espere garantías. No se siente quietito sin hacer nada, porque sus acciones puedan ser riesgosas. No tema a las circunstancias naturales, los obstáculos ni las situaciones alarmantes. Tome ese quizá que ha recibido y comience a actuar conforme a él. Comenzará a ver que la mano de Dios lo convierte en un milagro si usted se niega a claudicar ante el miedo.

Si está dispuesto a afrontar al miedo al fracaso que lo ha frenado para que no pudiera desarrollar su destino divino, lo aliento a orar esta plegaria conmigo:

Amado Señor Jesús, ayúdame a definir el fracaso y el éxito como tú lo haces y no como lo hace el mundo. Permíteme buscar el éxito que tú has ordenado por mi bien, por el bien de los demás, por tu bien y por el bien del enemigo. Permíteme tener la fortaleza para plantarme en el quizá que me des y perseguir al león que amenaza mi sueño. Ayúdame a no transigir ni siquiera con mis más mínimas convicciones. Gracias por hacerme libre del miedo al fracaso. Ayúdame a crecer en fe y sacar provecho de las ocasiones en que fallo. Y permíteme experimentar tu milagro en mi situación de quizá. Amén.

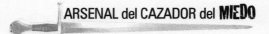

ARSENAL del CAZADOR del MIEDO

Cazar el miedo a fracasar

Mira que te mando que te esfuerces y seas valiente;
no temas ni desmayes, porque Jehová tu Dios estará
contigo en dondequiera que vayas.

—JOSUÉ 1:9

Aguarda a Jehová;
Esfuérzate, y aliéntese tu corazón;
Sí, espera a Jehová

—SALMOS 27:14

No temas [...] yo soy tu socorro, dice Jehová;
El Santo de Israel es tu Redentor

—ISAÍAS 41:14

No temas, pues no serás confundida;
Y no te avergüences, porque no serás afrentada,
Sino que te olvidarás de la vergüenza de tu juventud,
Y de la afrenta de tu viudez no tendrás más memoria.

—ISAÍAS 54:4

Mis cazadores del miedo personales

_____

_____

_____

_____

_____

_____

_____

_____

_____

_____

_____

_____

_____

_____

_____

_____

_____

_____

_____

_____

8

SUPERAR EL MIEDO A LA GENTE

¿ALGUNA VEZ SE sintió incómodo cuando lo invitaron a comer afuera con dos o tres parejas, y usted estaba solo? ¿Sus padres o su jefe, u otra persona importante en su vida alguna vez lo hicieron sentirse insignificante, *disminuido* y hasta despreciable? ¿Cómo maneja usted el rechazo? ¿Qué hace con su temor a la gente?

Dios llamó a Jeremías para ser profeta cuando era muy joven. Jeremías protestó que era joven y no podía hablar. Entonces Dios le dijo que iría donde lo enviara y hablaría lo que fuese que Él le dijera que hablase. "No tengas temor ante ellos, porque contigo estoy para librarte, dice el SEÑOR" (Jer 1:8). Dios trató el temor de Jeremías a la gente y prometió liberarlo.

Me pregunto cuántas relaciones potenciales se han frustrado por el temor a la gente. Este miedo *aprendido* es uno de lo más perjudiciales para la edificación de matrimonios, amistades y relaciones fuertes. Ya le compartí cuán tímido era de joven. A menos que Dios me ayudara para superar mi miedo, no habría disfrutado el estupendo matrimonio que tengo ni muchas otras relaciones esenciales que han afectado mi vida.

Si las relaciones de cualquier tipo le provocan ansiedad y temor, le tengo buenas noticias. Jesús quiere liberarlo para que experimente relaciones significativas. Quiero que usted preste mucha atención a la lección que Él enseñó sobre el *quinto gorrión*.

No hay rechazo en el amor divino, sólo completa aprobación. No hay condena, solamente perdón y piedad.

Él quería que las personas conocieran el amor de Dios así que les enseñó el gran valor que asignaba a cada vida individual. Como de costumbre, empezó su enseñanza preguntándoles sobre algo con lo que estaban muy familiarizados: los *gorriones asados*

En aquellos días, los vendedores comerciaban en el mercado abierto, poniendo pequeños puestos a lo largo de las calles. Algunos vendían gorriones que ponían a asar en un palo sobre un fuego abierto. (En aquellos días no había McDonalds; tenían *McGorriones*.)

Jesús dijo que usted podía comprar dos de esos gorriones asados por una moneda de cobre. Pero en algunos lugares, de acuerdo con Jesús, usted podía conseguir *cinco* gorriones por dos monedas de cobre. Obviamente, los vendedores sagaces daban un quinto gorrión sin cargo.

CAZADORES DEL MIEDO

Recibir el amor de Jesús es el primer paso para superar el miedo al rechazo.

Las matemáticas de tercer grado le dicen que si se venden dos gorriones por una moneda de cobre, por dos monedas de cobre usted debe poder comprar cuatro gorriones. Pero Jesús sabía que usted podría comprar cinco gorriones por dos monedas de cobre. Eso quería decir que el quinto gorrión no valía nada. Realmente no tenía valor para el vendedor. Ese quinto gorrión podía ser llamado el *desparejo*.

Luego, Jesús le dijo a la gente que ni un gorrión caía al suelo sin que Dios lo notara. Eso incluiría también al quinto gorrión *que no valía nada*. Y Jesús dijo: "No tengan miedo; ustedes valen más que muchos gorriones" (Lucas 12:7, NVI).

¿ALGUNA VEZ SINTIÓ LA
VERGÜENZA DE SER UN *CAÍDO*?

Jesús también le dijo a la gente que Dios conocía tan bien a cada uno de ellos que hasta sabía el número de cabellos que tenían en sus cabezas. ¡Qué idea tan asombrosa! Si algunos de sus cabellos se cayeron esta mañana, Dios recalculó ese número hace unas pocas horas. (Por supuesto, tiene que hacer menos cálculos con algunas personas que con otras.) Alguien dijo que los ancianos no se vuelven calvos; su pelo sólo se entierra y les sale por la nariz y las orejas.

Con tan impresionante conocimiento de cada individuo, Jesús quería que ellos se convencieran de que no tenían que temer; que estuvieran seguros del amor de Dios. Le está diciendo lo mismo a usted hoy. ¿Alguna vez se ha sentido tan carente de valor como ese quinto gorrión? En tiempos difíciles, la vida puede decirle que usted no es nadie, que no está yendo a ninguna parte. Pero Jesús no quiere que nadie se sienta como un quinto gorrión. Usted es de gran valía para Dios.

Sin importar cómo lo ha tratado la vida para que usted se sienta *desvalorizado,* Dios sigue diciendo que a Él usted le importa. Ve gran valor en usted. Si usted puede creerlo, tendrá el poder para conquistar el miedo al rechazo. Cuando sepa cuán valioso es para Dios, no tendrá miedo de lo que los demás piensen de usted.

Una y otra vez en la Escritura, Jesús nos instó a observar a las aves del cielo. Aparentemente, quiere que nosotros nos hagamos observadores de aves. Quiere que aprendamos de las aves valiosas lecciones espirituales. Pero no de cualquier ave... Mencionó específicamente a los gorriones.* Se concentró en estas pequeñas aves que incluso hoy son consideradas comunes e insignificantes entre la comunidad de los pájaros.

No dijo que observáramos al pavo real cuando se pavonea. Hace mucho tiempo aprendí que un pavo real que hoy se pavonea mañana puede ser un plumero. Usted debe tener cuidado si empieza a pavonearse enorgullecido por la bendición de Dios.

Nunca olvide de dónde vino. Recuerde cómo era su vida antes de conocer a Cristo. Y manténgase humilde ante el Señor agradeciéndole cuanto le ha dado. El Señor valora su humildad y odia su orgullo.

Jesús no mencionó específicamente al bello cardenal o a la ruidosa urraca, o a cualquier otra ave exótica que consideramos más valiosa. Nos pidió que pensáramos en el pequeño gorrión común. Le dijo a la gente que esa avecilla le importaba a Dios. Y también les dijo que ellos eran mucho más valiosos que muchos gorriones.

Dios también le dice eso a usted. ¿Sabe cuán valioso es usted para Dios? Lo creó a su imagen. Su propósito más alto era que usted viviera en compañerismo perfecto con Él, no sólo en esta vida, sino también para siempre. Y a través de la muerte de Cristo sobre el Calvario, lo volvió a comprar para sí, para que disfrute de esa comunión con Él.

---

* "Mencionó específicamente a los gorriones": La versiones inglesas dicen *sparrows*, gorriones. *"Are not two sparrows sold for a farthing?"* (Mt 10:29. También en v. 31 y Lc 12:6,7, KJV, NVI y AMP). En cambio, en castellano dicen "pajarillos", con excepción de la NVI, que traduce "gorriones".

No hay ningún quinto gorrión en la mente de Dios. A decir verdad, Él es consciente de cada una de esas avecillas que caen al suelo. ¿Cuánto más será consciente de usted? Dios dice que aunque la gente no pueda ver su valor, Él lo ve. Usted es muy valioso para Él.

¿Captó lo que dijo Jesús de esos gorriones que caían al suelo? Dios asiste a su funeral. Nunca he estado en el funeral de un gorrión, pero Dios no se pierde ninguno. Es increíble cómo Dios se interesa hasta en un gorrión que cae.

Él sabe lo que a usted lo hace sentirse inútil. Cuando usted se pregunta si tiene algún valor o contribución que hacer a la vida... Cuando se está deslizando en una silenciosa y desesperada sensación de inutilidad, Dios está ahí. Usted puede pensar que nadie sabe que existe. Pero Dios, que va al funeral de un gorrión caído, lo sabe y se preocupa por usted, aún cuando usted lo haya embarrado todo.

Dios nos está tratando como "caídos". El mensaje de Jesús es para personas que iban volando alto en cierto momento de la vida. Pero algo ocurrió, y falló. O alguien destruyó su autoestima, haciéndolo sentirse rechazado. Usted se asustó y empezó a sentirse como un quinto gorrión, como el que está fuera de lugar; como el insecto raro o el que está demás.

Dios quiere que sepa que así como iría al funeral de un gorrión caído, Él se preocupa cuando usted cae y lo arruina todo. ¡Usted tiene gran valor en la ecuación del amor y la gracia de Dios! En pocas palabras, para Dios no hay *quintos gorriones*: en la perspectiva divina, cada persona es sumamente valiosa. Usted cuenta con Él. Usted es alguien para Él. Y aunque los demás no den nada por usted, Dios nunca le va a fallar.

La autoexaltación conduce al orgullo, que Dios odia. Pero el auto menosprecio resulta en parálisis. Crea una atmósfera terrible donde prevalece el miedo. Esa actitud no le place a Dios. El diablo ha hecho que muchas personas sientan que no son dignas.... Que son solamente un gran error, y sus vidas son un gran error tras otro.

Si usted se cree esa mentira, permite que la vida lo muestre como un quinto gorrión, sin valor, que está fuera de lugar. Las otras personas tienen valor; tienen éxito. Pero lo que fuere que haya ocurrido en su vida le hace parecer que es menos que los demás.

Usted debe saber que Jesús mostró el gran valor que tiene para Él cuando colgó en la cruz del Calvario. Lo amó a usted personalmente tanto, que estuvo dispuesto a dar su vida para que usted pueda tener la libertad de ser la persona que Él planeó que sea. Y le dijo que no tenga miedo de haberle fallado a Dios tanto que Él ya no lo quiera más.

No importa cuántas veces haya intentado y fallado. El mensaje de Dios para usted es que lo sigue amando. El más pequeño detalle de su vida no escapa a la mirada de Dios. Para Él usted sigue siendo valioso. Él conoce su potencial. Y tiene un plan y un propósito para su vida. Su amor por usted es especial. Es como si Dios tuviera su fotografía en su refrigerador.

¿USTED SE SIENTE COMO EL *INSECTO RARO*?

Pienso que todos enfrentan alguna vez el temor de ser el *insecto raro*, de quedarse solo, sin la aprobación de los demás. Usted puede estar atravesando una etapa en la que siente que no es tan especial o valioso como los otros miembros de su familia o sus amigos, o incluso sus hermanos y hermanas en Cristo. En la Biblia, hay personas que fueron consideradas insectos raros por otros. La Biblia nos dice lo que Dios piensa de ellos.

David era un insecto raro. Fue tratado como el quinto gorrión de la familia. Usted recuerda cuando Samuel fue enviado a la casa del padre de David, Isaí, para ungir al próximo rey de Israel. Hicieron un gran banquete, y luego llegó el momento de ungir a uno de los siete hijos que estaban presentes. Samuel miró a cada uno y los admiró por su apariencia física.

Su padre le habrá recomendado cada uno a Samuel cuando se lo ponía delante. "Este muchacho es apuesto. Este muchacho tiene verdadero talento. Éste es muy inteligente. ¡Pienso que éste sería un excelente rey!"

> ## CAZADORES DEL MIEDO
>
> Usted cuenta para Dios.
> Usted es alguien.

Pero Dios le dijo a Samuel que Él había desechado a todos estos hijos. Le dijo que Él no ve como el hombre ve; que el hombre mira la apariencia exterior pero Él mira el corazón (1 S 16:7). Así que Samuel le preguntó a Isaí si tenía otros hijos.

Isaí dijo que su hijo menor estaba en el campo cuidando las ovejas. Su papá ni siquiera lo había invitado al banquete.

Era sólo el hijo menor, todavía no tenía mucho valor para su familia. Su padre ni siquiera pensó en presentárselo al profeta. Era como el quinto gorrión, que carecía de valor entre sus pares.

He aprendido algo acerca de Dios. Él a menudo pasa por alto las *primeras líneas* y escoge en la línea de atrás. A Dios le encanta escoger a personas a quienes los otros pasan por alto, rechazan y desprecian. Predicen: "Él o ella nunca llegarán a nada".

Pero si deja que Dios ponga su mano sobre usted, lo escogerá en lugar de los más destacados. Él mira su corazón y dice: "Puedo usarlo", "Puedo usarla", "Humíllense, pues, bajo la poderosa mano de Dios, para que él los exalte a su debido tiempo" (1 P 5:6, NVI). ¡No deje que nadie le diga que usted es un quinto gorrión!

SUPERAR EL MIEDO DE LA SOLEDAD

El salmista expresó los sentimientos de soledad y abatimiento cuando dijo: "Soy semejante al pelícano del desierto; soy como el búho de las soledades; velo, y soy como el pájaro solitario sobre el tejado" (Sal 102:6-7). Se sentía como un insecto raro, solo. ¿Qué escena estaba mirando?

Tal vez el nido del pájaro había sido destrozado. Tal vez había perdido su familia en una tormenta o por un animal de presa. Tal vez su compañera había muerto. No importa cual sea la razón, el pájaro estaba solo y sentía la soledad.

El propio Jesús supo lo que era estar solo sin que nadie lo comprendiera. Sus discípulos no lo comprendían. Estaban preocupados por cuál de ellos sería el más importante. Ni siquiera pudieron orar con Él en sus momentos más difíciles.

Y sobre la cruz clamó: "Dios mío, Dios mío, ¿por qué me has desamparado?" (Mt 27: 46).

La soledad puede influir en el modo en que usted se valora. Algunos de ustedes, por la muerte de su cónyuge o por un divorcio u otras circunstancias dolorosas, están atravesando una etapa en la que se sienten como insectos raros. Usted no tiene nadie que realmente comprenda lo que está sufriendo. La vida le ha dado un golpe que lo hace sentirse desvalorizado.

Recientemente, mi esposa y yo tomamos un crucero. Observamos personas que se sentaron solas durante todo el crucero. Comieron cada comida a solas. Y nuestros corazones fueron tocados por su soledad. Recordé que cuando era un joven soltero, podía sentirme solo aún en medio de una multitud.

Todos enfrentamos tiempos de estar solos y sentir soledad. La buena noticia es que aunque sus relaciones estén en aprietos, el Señor quiere que usted sepa que nunca lo dejará solo ni lo abandonará (Heb 13:5). Estará ahí con usted. Nunca lo abandonará. Usted no debe temer quedarse solo por el resto de sus días. Él le mostrará el camino para salir de su dolor y soledad.

Comprendo el temor que se apodera de jóvenes veinteañeros que se preguntan si alguna vez encontrarán a la persona correcta con quien casarse. A cada persona que desea casarse: creo que usted puede confiar en Dios que su compañera o compañero perfecto está viviendo y respirando en algún lugar del planeta. Dios tiene el servicio de citas más grande del mundo entero. Es mejor que "Encuentre un compañero. com". Si usted busca a Dios primero y decide servirle de todo corazón, Él moverá cielo y tierra para cruzar sus caminos con esa persona especial.

Si usted es viudo, solo, divorciado, o nunca se ha casado y quiere encontrar la felicidad marital, no se preocupe. Dios estará al mando de su vida amorosa si usted le entrega su vida. Sus pasos son ordenados por el Señor. Es emocionante observar cómo se desarrolla el futuro cuando usted pone su confianza en la bondad de Dios y en el plan que tiene para su vida. Dios tiene para usted oportunidades que nunca soñó posibles.

La historia de mi madre

Mi papá tuvo un ataque cardíaco y murió repentinamente a los cincuenta y seis años. Mi madre era una viuda joven, que quedó sola con mi hermana, Jill, de dieciséis años. La pequeña herencia que papá había dejado les duró solamente un par de años. Luego, empezaron a experimentar necesidades financieras. Todo cuanto mami había sabido hacer en su vida era ser la esposa de un ministro y ama de casa.

CAZADORES DEL **MIEDO**

El Señor nunca lo dejará
solo ni lo abandonará.

No es el tipo de persona que hable de su situación con nadie, ni siquiera conmigo o mis hermanos y hermanas. En cambio, decidió buscar al Señor en ayuno y oración. Decidió orar y ayunar durante tres días, como lo había hecho la reina Ester en la antigüedad.

Mami no tenía idea de qué hacer para lograr sobrevivir a esos tiempos difíciles. Un día durante su ayuno, oró: "Señor, si tú diriges mis pasos, iré a cualquier lugar y haré cualquier cosa que quieras que haga. Tendré un trabajo secular y testificaré de ti por mi estilo de vida. Obtendré un puesto en una iglesia o ministerio. Si sé que me estás guiando, haré cualquier cosa que quieras que haga".

Cuando terminó esa oración, apoyó su cabeza para descansar. Ni cinco minutos después, sonó su teléfono. Al responderlo, oyó la voz de mi esposa, Cherise. Mi esposa no la saludó de la manera normal con un "hola" o algunas otras palabras. Fue derecho al grano y le dijo: "Bien, usted debe embalar sus cosas porque se viene. Aquí está Jentezen".

Por supuesto, yo no tenía ninguna pista de que mami hubiera estado orando por dirección para su vida; todo cuanto sabía era que necesitaba ayuda. Tomé el teléfono y dije: "Mami, te he estado pidiendo durante dos años que vengas y me ayudes. La iglesia está creciendo tan rápido que no tengo tiempo de orar y estudiar como debería, porque estoy tratando de cuidar de todo. Necesito que me ayudes con las visitas al hospital y las obras de misericordia. Necesito que hagas para mí lo que hiciste para el ministerio de papá. Si no vienes, voy a contratar a otra persona, así que necesito que me digas ahora si vas a venir".

Mami empezó a darme toda clase de excusas. Su vida había estado arropada en el ministerio de mi papá, y a veces seguía teniendo dificultad para tomar decisiones. Nunca había tenido que tomar sola una decisión grande como ésta.

Mientras continuaba con sus excusas, el Señor le recordó lo que acababa de orar momentos antes: *Haré cualquier cosa que quieras que yo haga.*

Mami terminó diciendo que sí, y el 2 de septiembre de 1993 se trasladó a Gainesville, Georgia, para convertirse en parte de mi personal de Free Chapel. Ahora, dieciséis años después, mami es uno de los miembros más amados y activos de mi personal. Ella y sus leales voluntarias visitan seis casas de reposo todas las semanas. Llevan a esa preciosa gente un mensaje de esperanza, y les iluminan el día con música.

Mami también lleva nuestro ministerio de cuidado de convalecientes, que ofrece estupendas comidas caseras para confortar a familias que han perdido seres queridos. Debido a las demandas del ministerio, rara vez tengo oportunidad de hacer visitas al hospital. Suelo bromear con la congregación diciendo que más les vale que los visite mi mami, porque si los visito yo, podría querer decir que está pasando algo malo.

Me encanta contar esta historia divertida, pero verdadera, para enfatizar la importancia del ministerio de mami en Free Chapel. Mi esposa y yo estábamos en el hospital, visitando a su hermana que había tenido un bebé. Ella oyó que una anciana dama de la iglesia también estaba internada allí y me dijo que yo debía ir a verla. Así que fui a su habitación, y cuando crucé la puerta, la dama se incorporó repentinamente en su cama.

¡Su semblante estaba distorsionado, como si hubiera visto a un fantasma! Empezó a decir: "¡Oh, no!, ¡No me habían dicho que esto fuera *tan serio*!". Pensaba que debía tener una enfermedad terminal, porque yo había ido a visitarla y orar con ella en lugar de mi madre. ¡Me sentí como si fuera el ángel de muerte! Tuve que tranquilizarla para convencerla de que mi presencia allí no significaba que hubiera malas noticias.

Siempre que nuestros miembros tienen una necesidad importante y llaman a la iglesia para pedir oración, no preguntan por mí; preguntan por mi madre. Ella es completamente vital para el ministerio, y nuestra congregación entera la valora enormemente. Ella se atrevió a dejar su hogar y todo lo que le era familiar para hacerse parte del ministerio de Free Chapel. Su amorosa rendición en obediencia al Señor abrió para ella la asombrosa oportunidad de un ministerio vivificador.

Dios conoce su soledad tanto como conocía la de mi madre. Sabe que usted puede ser sumamente útil y productivo en su reino si decide superar su temor y buscarlo a Él para que le dé oportunidades divinas.

JESÚS BUSCA AL SOLITARIO

Jesús se caracterizó por buscar a las personas que estaban solas en la multitud. Llamó individualmente a sus discípulos para seguirlo. Y tuvo una cita con una solitaria mujer samaritana que vino a un pozo para buscar agua. Le ofreció su agua viva que le cambió la vida. En el estanque de Betesda, le ofreció a un hombre la curación que no recibía, porque no tenía nadie que lo ayudara a entrar al agua.

Después de su resurrección, Jesús no fue a Roma, a Atenas o a cualquier otra metrópoli. No hay ningún registro de que visitara a multitudes. Se reveló Él mismo a una mujer sola y afligida que lloraba junto a la tumba. Cuando la llamó por su nombre, "María", ella conoció su voz. Caminó con dos hombres atribulados en el camino de Emaús, y lo reconocieron cuando partió el pan con ellos. Y se apareció a sus discípulos, escondidos a puertas cerradas, porque tenían miedo.

Jesús constantemente estaba extendiendo su mano a los pobres, a los solitarios, a los insectos raros. Si usted se siente así, puede esperar tener una audiencia especial con el Señor. Él quiere pasar tiempo con usted para decirle que no debe tener miedo de la soledad.

Usted no está solo cuando Cristo está con usted. Él no lo considera un quinto gorrión. Lo ve cuando usted cae. ¿Por qué? Porque Él cuida de cada detalle de su vida.

Dios tiene un plan para su vida, y quiere que usted camine con Él para que lo cumplan juntos. Su promesa para usted es: "Porque yo sé los pensamientos que tengo acerca de vosotros, dice Jehová, pensamientos de paz, y no de mal, para daros el fin que esperáis" (Jer 29:11).

No importa cuán grande haya sido su fracaso, Él prevé para usted una vida llena de esperanza y no de desesperación. Lo desafío a que declare: "Dios solamente piensa cosas buenas de mí y planea cosas buenas para mí". Eso es verdad, porque lo ama con amor eterno, un amor que lo hizo entregar su vida por usted. Él nunca lo rechazará ni lo dejará solo. Porque eso es real, usted puede tener esperanza de superar sus miedos. El salmista declaró que los pensamientos de Dios le eran preciosos y que eran tantos que no los podía contar (Sal 139:17-18).

Usted tiene un hogar en Dios, en el corazón y en los pensamientos divinos. Hasta hay lugar para que un insignificante gorrión viva en la presencia de Dios. El salmista dijo que en los altares de Dios, el gorrión había encontrado una casa para sí donde podía criar sus polluelos (Sal 84:3).

Él permitió que el más insignificante quinto gorrión viviera en su presencia. Está seguro de construir su nido y criar a su familia en ese lugar de adoración, el santo tabernáculo. Ése es un hermoso cuadro de su lugar seguro en la presencia de Dios. Cuando usted se incline en adoración, Él lo levantará y lo hará sentir valioso y seguro. Lo librará del miedo al rechazo y a la soledad.

Usted no puede esconderse *de* Dios; pero puede esconderse *en* Dios. Puede *anidar* en su seguridad y en su protección, bendición, y presencia. Nunca debe sentirse solo o asustado en su presencia. Sin importar lo que la vida arroje en su camino, usted no debe sentirse menos. Usted es importante para Dios. Su amor estará siempre disponible para usted, aún en épocas de problemas y de pérdidas.

NUNCA SOLO EN LA ADVERSIDAD

Estuve pensando en Job, quien fue uno de los hombres más acaudalados de su tiempo. La Biblia dice que temía a Dios y odiaba el mal. Sin embargo, en un día su mundo se desmoronó. Perdió sus riquezas, sus hijos, su salud, y fue traicionado por su esposa. Ella le dijo que maldijera a Dios y se muriera. Luego, cuatro de sus amigos vinieron y se sentaron alrededor de él, que estaba sobre un montón de cenizas.

Durante siete días sólo se quedaron sentados, sin decir una palabra, sólo mirándolo con expresión acusadora. Él estaba sentado allí, el *quinto gorrión* en medio de esos cuatro amigos. Ellos habían ido para decirle cómo lo había reprobado Dios. Querían que confesara el pecado que le había causado toda esta calamidad. Lo acusaron de haberlo echado todo a perder. Sus largos discursos le dijeron todas las razones por las que sabían que no era el hombre recto que había afirmado ser.

¿Qué hizo Job? Tuvo que decidir cómo enfrentar su adversidad. No podía negar las malas noticias. Todo cuanto valoraba en la vida lo había perdido. Pero tomó una decisión en su corazón. No acusaría a Dios ni sentiría lástima de sí mismo. Declaró: "El Señor ha dado; el Señor ha quitado. ¡Bendito sea el nombre del Señor!" (Job 1:21, NVI). Sabía que lo más importante en la vida era la presencia del Señor. Job decidió bendecir el nombre del Señor en su dolorosa soledad.

Cuando su esposa le dijo que maldijera a Dios y se muriera, Job dijo: "No, gracias. ¡Bendeciré el nombre del Señor y viviré! ¡Sigo teniendo su presencia! No comprendo por qué está ocurriendo todo esto, pero sé que Él está conmigo". Y la Biblia dice que Dios restauró a Job el doble de todo lo que había tenido al comienzo.

¿Qué ha perdido usted? ¿Se siente tentado a culpar a Dios por su dolorosa situación? Lo animo a hacer como Job y bendecir el nombre del Señor. Él está con usted en su dolor, y puede volver a convertir su llanto en júbilo. Quiere darle un lugar seguro para que usted habite continuamente en su presencia. Usted no está solo. Usted no tiene por qué temer en su adversidad.

¿Le parece que ha fallado miserablemente y que no hay futuro para usted? Si toma el fracaso de modo personal, también tomará personalmente el éxito. Usted tiene que darle sus fracasos y sus éxitos a Dios. No puede volver atrás y empezar de nuevo, pero puede empezar otra vez y lograr una marca excelente ¡Hoy es el primer día del resto de su vida!

¿Amo o mascota?

Llegó a ser obvio para todos que Dios era realmente el Amo de Job. En la adversidad más cruel, Job lo honró como su Dios. Decidió bendecir el nombre del Señor. Esa es la clave para superar el miedo al futuro o cualquier otro miedo.

Dios toma fracasos y los redime por su sangre. Toma lo que el mundo dice que es inútil y revela lo muy valioso que Él ha puesto en usted. Pero exige ser Amo y Señor de su vida. Ése es su legítimo lugar. Mucha gente quiere que Dios lleve su pecado y su culpa y la deje disfrutar de su libertad. Pero entonces lo tratan como su *mascota* y no como su Amo.

¿Sabe lo que es una mascota? Es como el bulldog de la Universidad de Georgia. Durante el entretiempo de un partido de fútbol americano, sacan a ese bulldog de la jaula y lo llevan hasta el otro lado del campo. Todo el mundo le grita a su mascota. Luego, lo vuelven a poner en la jaula y lo dejan allí hasta el partido de la siguiente semana.

Eso es lo que muchos cristianos hacen con Jesús. Vienen a la iglesia un día por semana y se emocionan ante la presencia del Señor. Luego, viven el resto de la semana sin pensar en Él. Y Jesús dice: "No me hablas. No me escuchas. No lees mi Palabra. Quiero ser el Señor el lunes, el martes, el miércoles, el jueves, el viernes y el sábado. No soy una mascota para aplaudir en domingo. Soy tu Amo. ¡Y si me das tu vida, haré algo con ella!".

El diablo quiere que usted se sienta como un quinto gorrión: inútil, raro e insignificante. Dios quiere hacer su vida significativa. Quiere desarrollar todo el potencial que puso dentro de usted para contribuir a sus propósitos en la tierra. Usted no se sentirá insignificante si lo hace el Amo y Señor de su vida.

LIBRE DE LA VERGÜENZA

Me encanta esta historia verdadera sobre un insecto raro que llegó a conocer a Dios como su Amo. Un profesor del seminario y su familia estaban de vacaciones en las colinas de Tennessee. Se detuvieron en un pueblo rural del este de Tennessee para comer en una cafetería local. Se sentaron y ordenaron su comida.

> CAZADORES DEL **MIEDO**
>
> Dios solamente piensa
> cosas buenas de mí y planea
> cosas buenas para mí.

Cuando les sirvieron, notaron que un anciano iba de mesa en mesa hablando a los clientes. El profesor se encogió ante la idea de que el hombre pudiera venir a su mesa. Deseaba que los dejaran a solas. Pero más pronto de lo que hubiera querido, el anciano vino a hablarles.

"¿Cómo están?", preguntó. Sin esperar una respuesta dijo: "No son de aquí, ¿verdad?".

"No."

"Bien, ¿de dónde son y a qué se dedican?"

"Somos de Oklahoma, y soy catedrático del seminario."

"¡Oh! ¿De veras? ¿Así que usted les enseña a los pastores cómo predicar? Sabe, una vez conocí a un pastor que afectó mi vida de tal manera que me cambió para siempre." El anciano le iba aumentando interés a su recuerdo.

"¿Qué quiere decir con eso?", preguntó el profesor, tratando de ser educado mientras tomaba otro bocado de su plato.

"Bien, he pasado toda mi vida en esta parte de East Tennessee. Ésta es una comunidad muy pequeña. Todo el mundo conoce los negocios de todo el mundo y a todo el mundo. Así que todo el mundo sabe que nunca supe quién era mi padre. Era hijo ilegítimo. Dondequiera que iba, parecía que alguien se estaba burlando de mí con la pregunta: '¿Quién es su padre?'."

Continuó pensativamente: "Toda mi vida me sentí menos que otros, usted sabe. Me sentía raro. Cuando jugaba a la pelota, todos los otros niños tenían un papá que venía al partido. Todo cuanto yo tenía alguna vez eran mi madre y mi abuela. Y de algún modo me sentía avergonzado. En público, me sentaba en el rincón. Me aislé de los demás. Me sentía inferior porque no tenía padre".

Los ojos del anciano centellearon cuando dijo: "Entonces, un día, mi abuela empezó a llevarme a la iglesia. Nunca lo olvidaré. Empecé a escuchar lo que ese pastor iba diciendo. Y un domingo, cuándo nos estábamos yendo, el pastor estaba en la puerta dándoles la mano a las personas. Cuando pasé, estrechó mi mano. Luego se inclinó y me susurró algo al oído".

Ahora, el anciano se estaba secando las lágrimas, sin avergonzarse, antes de continuar su historia. "Me susurró al oído: 'Hijo, sé quién es tu padre. Tu padre es Dios. Él es el mejor padre que una persona podría tener. Y no dejes que nadie te diga algo diferente'."

Entonces, el anciano miró al catedrático directamente a los ojos y dijo: "No puedo explicarlo, pero algo hizo clic dentro de mí ese día. Una luz se encendió. Empecé a ver a Dios como mi propio Padre. Y ¿sabe qué? Dios ha sido muy bueno conmigo".

Dicho eso, el anciano dejó su mesa y salió de la cafetería. Cuando el profesor y su familia terminaron de comer, fue a la caja registradora y preguntó: "¿Usted conoce a ese anciano que iba hablando con todos?".

"Sí."

"Bien, ¿quién es? Y, ¿cuál es su problema?", interrogó el profesor, tratando de esconder su sarcasmo.

"¿No lo sabe?", preguntó, incrédulamente, el hombre que estaba detrás de la caja registradora. "Bueno, ése es Ben Hooper. Fue Gobernador de Tennessee durante dos periodos (1910-1914). Y ha hecho más bien a esta comunidad y a todo este

estado que nadie que yo conozca. ¡Es un hombre
asombroso!".[1]

Eso es lo que le puede suceder cuando usted se dé cuenta
de que no es un quinto gorrión. Usted no tiene por qué vivir
avergonzado por lo que su madre o padre hicieron. O por
lo que usted mismo ha hecho. Alguien tuvo que decirle a
Ben Hooper que era de gran valor para Dios, que Dios era
su Padre celestial. Ben tenía que saber que el hecho de que
se hubiesen burlado de él por ser un hijo *ilegítimo*, no quería
decir que no fuese valioso. A decir verdad, la Biblia dice que
Dios es "Padre de huérfanos" (Sal 68:5).

Dios habló a mi corazón para decirle a cada hijo que
ha sido abandonado por su papá que Dios pudo haberle
confiado a su padre que llevara su semilla, pero no le confió
que lo llevara a través de la vida, lo criara y le enseñara los
caminos de Dios. El salmista dijo: "Aunque mi padre y mi
madre me abandonen, el Señor me recibirá en sus brazos"
(Sal 27:10, NVI).

Si Dios permitió que usted fuera separado de su padre
biológico, probablemente sabía que de otra manera usted no
se hubiera conectado con su plan. Si hace a Cristo el Señor
de su vida, usted podrá conocer la misma clase de amoroso
cuidado que Ben Hooper descubrió.

El pastor de Ben Hooper sabía ese día que le estaba
hablando a un niñito lastimado que necesitaba saber quién
era su padre. Tenía que saber que Dios era el mejor padre que
alguien podría tener. Dios le mostró a Ben Hooper cuánto lo
amaba, qué valioso y especial era para Él. No era un quinto
gorrión. Era de gran valía para su Padre. Y, a su turno, él

pudo bendecir miles de vidas por llegar a ser todo lo que Dios se había propuesto que fuera.

Usted no tiene que tenerle miedo a la soledad, porque nunca está solo. Y no debe temer a las relaciones, porque Dios da gracia para amar a otros y perdonar. Le enseña cómo mostrar misericordia y disfrutar el amor y la camaradería que Él provee.

Algunos de ustedes se sienten como el quinto de los gorriones vendidos en esa broqueta por monedas. La vida lo ha clavado y achicharrado. Usted se siente inútil en la vida. Ésa es una mentira del diablo. Dios no tiene quintos gorriones en su economía. Lo ama, y tiene un plan para su vida. Dios tiene para usted un lugar y un propósito que traerá realización y satisfacción a su vida.

Usted sólo tiene que responder a esta pregunta: "¿Él es su Amo o su mascota? ¿Está Él sentado en el trono de su corazón?". Cuando esa cuestión se aclare, usted empezará a conocer su amor y será liberado del miedo a la soledad y al rechazo.

Jesús basó toda una doctrina de *la erradicación del miedo* en el valor de un gorrión. Y nos manda: "No tengan miedo; ustedes valen más que muchos gorriones" (Lucas 12:7). Si usted quiere pedirle a Dios que lo libere de estos miedos y de cualquier sentido de vergüenza, haga esta oración conmigo:

> *Amado Señor Jesús, vengo para hacerte el Amo de mi vida. Quiero someterme a tu señorío y encontrar tu propósito para mi vida. En el nombre de Jesús, quiebro en mi vida el miedo al rechazo y*

la soledad. Declaro que como hijo de Dios, estoy libre de la vergüenza. Y te agradezco, Señor, por tu poder que trabaja en mi vida para darme un futuro y una esperanza. Gracias por las relaciones que tienes para mí. Tú me darás todo lo que necesito en amigos y familia. Confieso que no estaré solo, porque tú estás conmigo. Y tu amor por mí me está liberando del miedo y la vergüenza. Gracias, Jesús. Te amo.

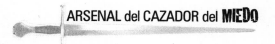

Superar el miedo a la gente

El Señor está conmigo, y no tengo miedo; ¿qué me puede hacer un simple mortal?

—SALMO 118:6, NVI

Porque yo sé los pensamientos que tengo acerca de vosotros, dice Jehová, pensamientos de paz, y no de mal, para daros el fin que esperáis.

—JEREMÍAS 29:11

No temáis, manada pequeña, porque a vuestro Padre le ha placido daros el reino.

—LUCAS 12:32

He aquí yo estoy con vosotros todos los días, hasta el fin del mundo.

—MATEO 28:20

Pues él dijo: "No te desampararé ni te dejaré". Así que podemos decir confiadamente: "El Señor es mi ayudador; no temeré lo que me pueda hacer el hombre".

—HEBREOS 13:6

Mis cazadores del miedo personales

_____

_____

_____

_____

_____

_____

_____

_____

_____

_____

_____

_____

_____

_____

_____

_____

9

SIN MIEDO A LA ETERNIDAD

L A MUERTE NOS acecha a todos. Es un enemigo formidable. Podemos tratar de ignorarlo, pero tarde o temprano los grilletes de la muerte nos vuelven a la realidad de un tirón. Cuando nacemos somos frágiles. Después por un *momento* somos fuertes. A veces, somos engañados por la capacidad de recuperación de la juventud e ignoramos nuestra mortalidad hasta que finalmente, sin falta, todos encontramos el azote de la enfermedad que corroe por dentro en algún lugar de nuestro cuerpo. Al final, volvemos a ser débiles, y morimos.

Si se le hubiera dado un libre reinado, hace mucho tiempo que el gigante negro de la muerte habría lanzado a este planeta a través del espacio como una nave abandonada. Pero en un establo de Belén, con el mugido del buey y bajo el resplandor de una estrella llameante, de una adolescente campesina ¡nació el antagonista de la muerte! La muerte había reinado suprema durante seis mil años, ¡pero Jesús la venció en tres días! Arrebatando las llaves de la muerte y el infierno, Jesús resucitó al tercer día, y dijo: "[Yo soy] el que vivo, y estuve muerto; mas he aquí que vivo por los siglos" (Ap 1:18).

Se cuenta una leyenda de un misionero de Brasil que descubrió una tribu de nativos que vivían en una remota parte de la jungla cerca de un gran río. Los nativos estaban convencidos de que el río estaba lleno de malos espíritus, y por lo tanto, temían cruzarlo. En su pueblo, proliferaban las enfermedades y morían a diario. Necesitaban desesperadamente medicinas o toda la tribu desaparecería. La única manera de conseguir ayuda era atravesar ese río que los aterrorizaba.

El misionero explicó a la tribu que ese río no estaba hechizado y no era maligno. Pero fue en vano. Así que fue hasta el río, chapoteó en el agua y les dijo otra vez: "Vean que no es maligno, no tienen que tener temor de cruzarlo". De modo que caminó por el agua y chapoteó en ella. Volvió a mirarlos y les hizo señas de que vinieran al río. Pero hicieron oídos sordos a sus palabras.

El misionero estaba tan lleno de compasión por verlos bien y sanos que, desesperado, se arrojó al río oscuro y embravecido. Nadó debajo de la superficie hasta que llegó a la otra ribera, y cuando alcanzó con esfuerzo la orilla, levantó un puño triunfante hacia el aire, mirando a los nativos que estaban parados en la otra ribera. Cuando hizo eso, se elevó un grito estruendoso y uno tras otro los hombres de la tribu se lanzaron al agua y comenzaron a cruzar a nado el río que tanto habían temido.

El misionero se había convertido en un ejemplo al vencer el terror al río para liberar a la tribu que le temía. Del mismo modo, Jesucristo, por medio de su muerte y resurrección, *nadó por el río* de nuestro enemigo final llamado *muerte*. ¡Y emergió triunfante del otro lado! ¡No tenemos nada que temer! Cristo ya ha hecho un camino para que nosotros crucemos con seguridad a la otra orilla.

> Así que, por cuanto los hijos participaron de carne y sangre, él también participó de lo mismo, para destruir por medio de la muerte al que tenía el imperio de la muerte, esto es, al diablo.
> —Hebreos 2:14-15

El cielo es un lugar donde cada casa es una mansión, cada paso es una marcha en unidad; cada comida es un banquete; cada momento, un éxtasis; cada hora, un embeleso; y cada día, un jubileo. No habrá fiebre, ni dolor agobiante, ni hospitales llenos de los que esperan morir. No habrá despedidas.

Aquí en la tierra vemos madres que secan sus lágrimas y padres, normalmente estoicos y fuertes, que lloran desconsolados. Vemos a los ancianos, con tranquila resolución, despidiéndose de sus seres queridos. Pero la Biblia dice que en los cielos: "Dios enjugará toda lágrima de los ojos de ellos" (Ap 7:17). ¡Enseña que nuestro último aliento aquí será nuestro primer aliento allá! Y el cielo es un lugar donde nunca nos despediremos.

De hecho, la Biblia dice que no podemos imaginar cuán maravillosa será nuestra vida en el cielo. Jesús les dijo a sus discípulos que iba a preparar un lugar para ellos para que pudieran estar allí donde Él está (Juan 14:2). Y el apóstol Pablo dijo: "Cosas que ojo no vio, ni oído oyó, ni han subido en corazón de hombre, son las que Dios ha preparado para los que le aman" (1 Co 2:9).

La única pregunta que le queda a usted por responder, personalmente, es: "¿Adónde iré cuando muera?". La Biblia dice que hay dos opciones para su futuro en la eternidad: un estado de bienaventuranza en el *cielo* o de eterno tormento en el *infierno*. Por cierto, usted puede elegir no creer en la Biblia, lo cual algunos parecen creer que les da otras opciones. ¿Lo hará?

¿Y si la Biblia tiene razón, y éstas son sus únicas opciones para vivir para siempre después de la muerte? Eso significaría que tiene las mismas posibilidades de tener razón o estar equivocado. Y ¿qué pasa si se equivoca? Si hay vida después de la muerte, si el cielo y el infierno son reales… ¿Cómo será eso para usted? ¿Debería estar lleno de pavor o expectativa?

¿Debería *usted* temer a la muerte?

Según investigaciones realizadas, la mayoría de las personas admite tener ansiedad con respecto a la muerte. Los patrones de ansiedad acerca de la muerte muestran que:

- Las mujeres tienden a mostrar niveles algo superiores de ansiedad relacionados con la muerte.

- Las personas mayores en general parecen tener *menos* ansiedad respecto a la muerte.
- Las personas con desórdenes mentales y emocionales tienden a sufrir un mayor nivel de ansiedad relacionado con la muerte.
- La ansiedad con respecto a la muerte puede elevarse a un nivel mayor en personas que han estado expuestas a situaciones traumáticas.[1]

Si usted es como la mayoría de la gente que no quiere pensar en la muerte, ¿qué le causa mayor ansiedad? ¿El temor a un accidente aéreo? ¿A un ataque terrorista? ¿A caer desde las alturas? Si es así, usted no está solo. Estas son las causas de muerte más temidas. Sin embargo, la probabilidad de morir por estas causas es remota. Aquí están los hechos:

Probabilidad de las causas de muerte más temidas
- El riesgo real de muerte en accidente aéreo sería una en 19,000 años si usted volara una vez por día durante 19,000 años.
- Entre los años 1580 y 2003, ha habido 1,909 ataques de tiburones confirmados. Las probabilidades reales de que muera por un tiburón son de cero en 264.1 millones.
- Las muertes por caídas se estiman que afectan a 80 personas por año, mayormente entre quienes trabajan en las alturas en la construcción.
- Históricamente hablando, usted tiene una probabilidad en 9.3 millones de morir por un ataque terrorista.
- La muerte por desastres naturales es menos probable que morir en un incendio o suicidarse.[2]

Una cosa es segura. Todos moriremos. Hasta que Jesús regrese como lo ha prometido y lleve a los creyentes para estar con Él (1 Ts 4:17), la única manera de salir de este mundo es muriendo. La Biblia enseña claramente que cuando eso suceda, usted enfrentará uno de dos destinos: vivir eternamente en la presencia de Dios o vivir eternamente en el infierno con Satanás.

Jesús enseñó sin rodeos acerca del cielo y el infierno, y dejó en claro que uno de esos lugares sería su destino eterno. Él advirtió:

> Mas os digo, amigos míos: No temáis a los que matan el cuerpo, y después nada más pueden hacer. Pero os enseñaré a quién debéis temer: Temed a aquel que después de haber quitado la vida, tiene poder de echar en el infierno; sí, os digo, a éste temed.
>
> —Lucas 12:4-5

Ésta es la única vez que Jesús nos dice que temamos. Después de todos los "no temas" que nos dio, Él se asegura que sepamos que hay alguien a quien debemos temer. Fue su advertencia para nosotros, a fin de evitar la eterna condenación. *Eterno* significa: "por siempre, sin final". El hecho es que usted estará vivo miles de años desde ahora en algún lugar. ¿Debería usted temer al lugar a donde irá?

El infierno es un lugar

El infierno es uno de los temas más difíciles con los que tengo que tratar como ministro. No disfruto al hablar del infierno. Pero al leer las palabras de Jesús, constantemente me recuerdan que existe un lugar llamado *infierno*, y que es un lugar de eterno tormento. Jesús dijo que el camino de la destrucción es muy ancho y que muchos van por él (Mt 7:13).

La mayoría de la gente rehúsa pensar en la muerte o en la eternidad. Eligen vivir simplemente en la negación. No piensan en lo que sería pasar la eternidad en el infierno, donde Jesús dijo que el fuego nunca se apaga (Mr 9:43). Ésa es la razón por la cual Jesús habló tanto del infierno. Sabía que las personas tratarían de quitarlo de sus mentes. El diablo les ayudaría a hacerlo engañándolos, intentando evitar que crean en Jesús o el infierno.

Jesús enseñó que la justicia de Dios demanda que haya un lugar preparado para quienes rechacen su muerte sacrificial en el Calvario. También dijo que el infierno no fue preparado para las personas; fue preparado para el diablo y sus ángeles (Mt 25:41). Dios no quiere que nadie perezca (2 P 3:9) Por eso, Jesús vino a morir por nuestros pecados. Todo el que acepta su perdón por el pecado escapará del infierno y vivirá para siempre con Él en el cielo.

Pero la meta del diablo es llevar tanta gente como sea posible con él al lago de fuego. Obra para engañarlos y que rechacen la salvación que Jesús vino a dar a todo aquel que lo acepte como Salvador. Trata de que no crean en su existencia y se mofa de quienes sí creen.

¿Cuál es la atmósfera del infierno?

¿Cómo será la atmósfera del infierno? Eso será determinado por la clase de personas que irá allí. La Biblia dice que los borrachos, los adúlteros, los juerguistas, los asesinos, los idólatras, los hechiceros, los mentirosos y toda persona malvada irá allí (Gá 5:19-21; Ap 21:8). No es un lugar feliz. Aunque el infierno no fuera un lugar de eterno fuego y tormento, sus habitantes harían intolerable la atmósfera.

¿Sabía que la palabra *brujería* en el griego es *pharmakeia*, que es la raíz de las fórmulas de las drogas farmacológicas? Nuestra actual cultura de la droga que ayuda a la gente a escapar de la vida mediante las adicciones la está conduciendo directamente al infierno. Cada adicto a la cocaína que la aspira por la nariz, cada adolescente que fuma un porro de marihuana, el adicto a la heroína que inserta la aguja en su vena... se encontrarán un día ardiendo en el lago de fuego. A menos que se arrepientan y pidan a Jesús que los libere de su adicción, conocerán el tormento eterno. Ya no habrá escape de esa realidad.

CAZADORES DEL **MIEDO**

No hay escape de la
realidad del infierno.

¿Es usted un "juerguista"? ¿Vive para estar de fiesta con sus amigos? ¿Su pasatiempo favorito es beber y estar de juerga? Creo que hay un espíritu fiestero desatado sobre la nación que dice: "¡Vive el momento, sigue el impulso! ¡No necesitas a Dios! ¡Vive para ti mismo!". Según la Biblia, ese estilo de vida también lo llevará al infierno.

Jesús describió el infierno en un relato acerca de un hombre rico que disfrutó la buena vida y vivió de manera extravagante y egoísta. Había un mendigo llamado Lázaro que yacía a su puerta, deseando solamente las migas que caían de la mesa del hombre rico. Estaba lleno de llagas y vivió en la miseria. Cuando el mendigo murió, los ángeles lo llevaron al paraíso para estar con Abraham. Después de eso, murió el hombre rico. Jesús dijo que éste era atormentado en las llamas del Hades.

Entonces el hombre rico vio a Abraham, desde lejos, y le pidió que dejara que Lázaro mojara la punta de su dedo en agua y refrescara su lengua. Abraham dijo que él no podría pasar porque había una gran sima en medio de ellos. El hombre rico quería que alguien fuera a advertir a sus hermanos para que no fuesen a ese lugar de tormento (Lc 16:20-27). Pero eso tampoco era posible. Jesús dejó claro por medio de este relato que el infierno es un *lugar* muy real, y que no hay escape de su tormento.

Jesús deploró: "¿Qué aprovechará al hombre si ganare todo el mundo, y perdiere su alma?" (Mr 8:36). No era que las riquezas fueran malas en sí. Pero Jesús decía que si usted vive por todo lo que el mundo llama "ganancia", podría perder su alma. Usted debe elegir seguir a Cristo en la tierra para pasar la eternidad con Él.

Es posible que quienes posean doctorados, los científicos, los íconos del deporte, los ídolos de la música y las demás personas de notoriedad puedan perder sus almas. Nadie está exento de la condenación eterna, a menos que acepte la salvación provista por medio de la sangre de Cristo. La Biblia dice que no hay otro nombre en el que podamos ser salvos (Hch 4:12). Sólo la sumisión al Señorío de Cristo le permitirá escapar de los horrores del infierno y le asegurará la vida eterna en el cielo con Él.

Jesús describió al infierno con palabras como *destrucción*, *condenación, las tinieblas de afuera, tormento* y *fuego eterno.* ¿Puede imaginarse vivir eternamente en tinieblas? ¿Anhelando el día? ¿Rogando por el alivio de la llama? ¡Usted no puede vivir mal y morir bien!

Si vive mal, morirá mal e irá a un lugar llamado infierno. Es un lugar que está vacío de la presencia de Dios. ¡Sin luz! ¡Sin amor! ¡Sin paz! ¡Sin gozo! La Biblia dice que el infierno será tormento noche y día, eternamente y para siempre (Ap 20:10).

No hay salidas del infierno, ni tiempo libre por buena conducta. Una vez que está allí, no tiene salida. Esa es la elección que usted hace cuando vive en la tierra. Es el aterrador resultado de rechazar a Cristo, y lo lleva a un lugar terrible, un lugar llamado *infierno.* ¡El infierno no es broma! Las burlas y risas de sus amigos pueden *llevarlo* al infierno, pero no pueden sacarlo del infierno.

La buena noticia es que la Biblia dice que si usted se arrepiente y acepta a Cristo como su Salvador, Dios borra todos sus pecados y ni siquiera se acuerda de ellos (Is 43:25). En otras palabras, Dios dice que si usted se arrepiente, sus pecados dejarán de existir porque Él los olvidará. Lo acepta como su hijo o hija perdonados, y le da el privilegio de vivir con Él para siempre. Usted cambia el terrible lugar llamado infierno por el lugar indescriptiblemente maravilloso llamado cielo.

El cielo es un lugar

Jesús enseñó que el cielo también es un *lugar*. Jesús les dijo a sus discípulos que iba a preparar un lugar para ellos. Dijo que en la casa de su Padre hay muchas moradas. Y Jesús prometió llevarlos allí con Él para siempre (Jn 143:1-2).

¿Cómo es el cielo? La atmósfera del cielo será la esencia del puro amor, porque Dios es Amor (1 Jn 4:16). Estará lleno de luz, porque no hay tinieblas en Él. La paz, el gozo y la justicia reinarán a la luz de su amor.

La Biblia nos da vislumbres del cielo. En diversas ocasiones los cielos se abren para permitir que personas de la tierra vean su interior. Cuando Jesús fue bautizado, los cielos se abrieron para Él, y vio al Espíritu de Dios que descendía como una paloma y descansaba sobre Él (Mt 3:16). Cuando Esteban fue apedreado hasta morir, él vio los cielos abiertos y a Cristo sentado a la diestra de Dios (Hch 7:56).

Pedro también vio los cielos abiertos cuando el Señor le dio una visión para enseñarle que la salvación era para todos (Hch 10:10-15). El apóstol Pablo fue llevado al tercer cielo y se le mostraron secretos que ni siquiera pudo compartir (2 Co 12:2-3). Y el apóstol Juan vio una puerta abierta en el cielo cuando Jesús le mostró las cosas que han de venir en el libro de Apocalipsis (Ap 4:1).

Juan vio a la Nueva Jerusalén que es llamada *la Ciudad de Dios*. Podría llamarse *ciudad capital* del cielo. Se le permitió a Juan que la midiera, y encontró que es cuadrada y de 1,500 millas de cada lado y 1,500 millas de alto. Sus fundamentos están hechos de piedras preciosas transparentes como el zafiro, jaspe, ónice. El radiante sol de la gloria de Dios brilla en toda esa hermosa ciudad, y la luz resplandece reflejándose a través de esas piedras.

Las calles del cielo están pavimentadas con oro transparente. Hay un río puro de agua de vida, claro como el cristal, que procede del trono de Dios. Junto al río está el árbol de la vida lleno de frutos. Y las hojas del árbol eran para la sanidad de las naciones (Ap 22:1-2). Sabemos que hay un magnífico salón de banquete en el cielo donde Jesús comerá la cena de las bodas del Cordero con todos sus hijos e hijas.

> ## CAZADORES DEL MIEDO
> **Si usted se arrepiente, sus pecados dejarán de existir porque Dios los olvidará.**

Estas son sólo vislumbres de ese maravilloso lugar llamado cielo, que se ha prometido a todos los que sirven a Cristo en la tierra. Es un lugar de adoración donde mora el Señor de Amor. Y no habrá lágrimas ni dolor, porque Él enjugará toda lágrima. Dicha eterna, vivir para siempre con el Dador de la Vida, es la recompensa que le aguarda a usted en el cielo.

La recompensa del cielo

Vivimos sólo unos pocos años en la tierra, aunque lleguemos a los setenta, ochenta o más. Comparado con la eternidad, que nunca termina, no hay nada que podamos sacrificar aquí por lo que valga la pena perder el cielo. El apóstol Pablo dijo: "Para mí el vivir es Cristo, y el morir es ganancia" (Fil 1:21). Él parecía casi ansioso por dejar atrás este mundo para vivir eternamente con su Señor.

Cuando el apóstol supo que era su tiempo de morir, dijo:

> He peleado la buena batalla, he acabado la carrera, he guardado la fe. Por lo demás, me está guardada la corona de justicia la cual me dará el Señor, juez justo, en aquel día; y no sólo a mí, sino también a todos los que aman su venida.
>
> — 2 Timoteo 4:7-8

Es obvio que Pablo no tenía temor de morir. Por el contrario, estaba lleno de expectativa. Sabía que estaría con su Señor y que recibiría su recompensa: una corona de justicia. Declaró que su batalla de la fe había terminado, y que él había vencido.

Promesa de recompensa para los vencedores

Jesús le dijo al apóstol Juan que el que venciere recibirá una piedra blanca con un nombre escrito en ella, que nadie conoce excepto el que lo recibe (Ap 2:17). Jesús hablaba a la iglesia de la ciudad de Pérgamo, que había honrado su nombre aun en el lugar donde estaba el trono de Satanás (v.13). Sin embargo, algunos de ellos habían transigido ante el mal en ese lugar, y Él les ordena que se arrepientan. Luego, prometió que los que vencieran serían recompensados con una piedra blanca.

¿Por qué una piedra blanca? ¿Qué clase de recompensa sería ésa? La gente de Pérgamo estaría familiarizada con ese término. Existían varios usos de la piedra blanca que la hacían muy significativas para sus vidas.

Justificación

El sistema judicial de esa ciudad daba un uso especial a una piedra blanca. Cuando alguien era acusado de un crimen, el acusado tenía que presentarse ante un juez. El acusador venía y alegaba el caso en su contra ante el juez. Después de escuchar a las dos partes, el juez dejaba la corte para un tiempo de deliberación. Durante ese lapso, el acusado estaba de pie frente a una pila de piedras blancas con la gente de la ciudad de pie alrededor, esperando el regreso del juez.

Cuando el juez reingresaba a la corte, toda boca hacía silencio y todas las miradas se volvían hacia él. En su mano, el juez tenía una piedra negra, llamada *piedra de la condenación*, o una piedra blanca, llamada *piedra de la justificación*.

Si entregaba al acusado la piedra negra, la gente de la ciudad tomaba piedras de la pila y comenzaba a apedrearlo en la corte hasta morir. Pero si entregaba una piedra blanca al acusado, significaba que todos los cargos contra él habían sido anulados. El acusado estaba justificado, libre de culpa, y era liberado. Se le quitaban las cadenas y lo dejaban libre. Se le había dado la piedra blanca de la justificación.[3]

Jesús prometió una piedra blanca a todo el que venciere el mal de su cultura. Quienes honraran a Cristo y rehusaran transigir serán justificados. Y Él lo personalizó. Esa piedra blanca tendría un nombre escrito en ella que sólo conocería el que la recibiera.

Alguien dijo que ser *justificado* significa vivir en completa libertad, "como si nunca hubiera pecado". ¡Qué recompensa celestial prometió Jesús a todo creyente! Cuando sus pecados son cubiertos por la sangre de Jesús, usted está justificado, libre de toda culpa. ¡Como si usted nunca hubiera pecado!

¡No más culpa! ¡No más condenación!

Victoria

La piedra blanca era usada en esa cultura para recompensar la victoria. Cuando los ejércitos regresaban de la batalla con otra nación, los ciudadanos de la ciudad hacían fila en las calles para dar la bienvenida a casa a sus héroes de guerra. El rey de la ciudad entregaba a los líderes de la batalla piedras blancas que equivalían a nuestras medallas de guerra.

No todos merecían recibir una medalla de "piedra blanca"; sólo quienes peleaban la batalla. Ése es un factor significativo para todo cazador del miedo. Si usted gana la batalla hoy, será recompensado mañana. Viene un día en el que cada creyente estará de pie delante de Dios para que su obra sea juzgada. Eso no determinará si usted va al cielo o no. Eso se define mediante su decisión de ser justificado por la sangre de Cristo. Pero el juicio por su obra determinará su recompensa.

Dios tiene un sistema de auditoría. Él juzgará lo que usted ha edificado sobre el fundamento de Jesucristo. "Y si sobre ese fundamento alguno edificare oro, plata, piedras preciosas, madera, heno, hojarasca, la obra de cada uno se hará manifiesta; porque el día la declarará, pues por el fuego será revelada; y la obra de cada uno cuál sea, el fuego la probará" (1 Co 3:12-13).

Cuando el fuego queme la madera, el heno y la hojarasca, lo que quede será recompensado. Algunos serán salvos, pero no tendrán recompensa por sus obras. Es importante lo que usted hace en vida para edificar del reino de Dios. Quienes viven vidas de calidad en sumisión al Señorío de Cristo recibirán su recompensa. Transigir con el mundo pondrá en peligro su recompensa eterna.

¿Pasa más tiempo leyendo la Palabra de Dios o la Guía de TV? ¿Está luchando por su familia o con ella? ¿Está sembrando generosamente en el reino o prepara tesoros para sí mismo? Para recibir una piedra blanca de *victoria*, usted tiene que vivir una vida consagrada a hacer la voluntad de Dios.

Ciudadanía

La piedra blanca tenía otro significado importante además de *justificación* y *victoria*. Para los extranjeros que no habían nacido en Pérgamo, existía la posibilidad de adquirir la ciudadanía por medio de sus acciones nobles. Si una persona mostraba lealtad al rey, él le podía dar el premio más preciado que la ciudad otorgaba a una persona: la Piedra Blanca de la Ciudadanía.

Con esa codiciada recompensa, una persona era inmediatamente adoptada como ciudadana con todos los derechos de quienes habían nacido en esa ciudad. Como creyente en Jesucristo, hemos recibido la piedra blanca de la *ciudadanía* como recompensa. Nuestros nombres están escritos en el Libro de la Vida, y tenemos todos los privilegios de un ciudadano del cielo.

CAZADORES DEL MIEDO

Si usted gana la batalla hoy,
será recompensado mañana.

¿Usted quiere pasar la eternidad con el Señor en el cielo? ¿Quiere vivir para siempre en un lugar donde las calles están pavimentadas con oro, las mansiones son las moradas de los redimidos, Dios es la Luz, y donde reinan el Amor y la Paz? ¿Puede imaginar un lugar donde no hay lágrimas, ni pena ni dolor ni muerte (Ap 21:4)? ¿Se está preparando para ser elegible para tales recompensas eternas?

¿Una piedra blanca o un trono blanco?

El cielo es un lugar real. El infierno es un lugar real. Usted tiene dos opciones para vivir eternamente su vida después de la muerte. Tiene la opción de recibir la *piedra blanca* de la recompensa en el cielo cuando venciere. Y tiene la opción de recibir condenación ante el *trono blanco* del juicio. ¿Cuál será su elección: la piedra blanca o el trono blanco?

El apóstol Juan vio un gran trono blanco que era el trono de Dios. Y vio a todos los muertos de pie ante él. Luego vio libros, incluso el Libro de la Vida, abiertos ante ellos. Los muertos eran juzgados según lo que habían hecho en su vida, lo cual estaba escrito en los libros. Todos aquellos cuyos nombres no estaban escritos en el Libro de la Vida eran arrojados al lago de fuego (Ap 20:11-15).

Usted no tiene que tener temor de la muerte o la eternidad cuando ha creído en Jesucristo para que lo limpie de su pecado. Su nombre está escrito en el Libro de la Vida. Usted sólo tiene que vivir con expectativa del día en que recibirá su recompensa. El apóstol Pablo dijo que estar ausente del cuerpo es estar presente con el Señor (2 Co 5:8). Cuando usted muera, vivirá en la dicha eterna en la propia presencia de Dios.

Pero Jesús mismo dijo que temiera a aquel que tiene el poder para arrojar al infierno. Cuando usted esté delante del trono blanco del juicio, no podrá argumentar su caso.

El veredicto culpable ya está en su lugar si su nombre no es hallado en el Libro de La Vida. Eso se basa en su elección en vida al rechazar a Cristo. Su destino eterno será ser arrojado al lago de fuego con el diablo y sus ángeles.

Usted no tiene por qué afrontar ese terrible destino. Recuerdo cuando acepté a Cristo como mi Salvador. Entré a la iglesia sabiendo que era un alma perdida. Sentía mucha culpa y condenación cuando oí predicar la Palabra. Algo dentro de mí dijo: "No puedo soportar más esto. Vuelvo a casa con Jesús".

En ese instante, Jesús vino hacia mí como el Buen Samaritano. Se arrodilló ante mi alma herida y vertió su aceite sanador. Me levantó y me condujo a un lugar seguro y pagó mi deuda. Me cuidó hasta que sané. Y todavía me está cuidando. Él le dijo al Padre: "Pon todo lo que él necesita en mi cuenta. He pagado el precio por todos sus pecados".

Esa es la buena noticia del evangelio. Jesús pagó la pena por su pecado, su fracaso, su adicción. Él quiere que invoque su nombre para poder sanar sus heridas y hacerlo totalmente libre. Jesús lo justificará, lo hará victorioso, y le ofrecerá la ciudadanía en los cielos como su eterno hogar. Cuando usted lo haga Señor de su vida, Él lo liberará de todo temor a la eternidad y lo reemplazará por la expectativa de su recompensa.

SACAR EL MAYOR PROVECHO DEL "GUIÓN"

Jesús afirmó la existencia del cielo y el infierno en sus enseñanzas. Y nos mostró cómo escapar de la condenación eterna al aceptar su sacrificio por nuestros pecados. Si usted ha hecho eso, no tendrá temor de la eternidad. Cuando ha establecido su destino eterno, lo que más importa es qué hace con el *guión*.

Grabado en la lápida de una tumba, generalmente hay un nombre y luego fechas, una fecha de inicio y una fecha de terminación. Entre esas dos fechas, hay un pequeño guión. ¿Alguna vez ha pensado el significado de ese guioncito?

Es un hecho que usted no tiene control sobre la fecha de inicio. Usted no eligió cuándo nacer. Y tampoco controla la fecha final. Nadie elige cuándo morir. Pero usted sí tiene control de ese guión entre fechas. Los años entre las fechas de inicio y de final —el guión— representan su vida. Usted está viviendo el guión. ¿Cómo le va con el guión?

CAZADORES DEL MIEDO

Elegir convertirse en un *cazador del miedo* le garantiza que usted será un vencedor en el Reino de Dios.

La Palabra de Dios le enseña cómo hacer más eficaz su vida en la tierra. Después que usted acepte a Jesús como su Salvador, Dios le revelará su destino personal mientras busca a Dios en oración y en su Palabra. No hay mayor gozo, no hay libertad mayor del tormento del temor, que cuando usted aprende a caminar en el propósito de Dios para su vida. Es entonces cuando el *guión* se torna más eficaz y satisfactorio. Como buen administrador del don de la vida que Dios le ha dado, usted aprenderá a edificar bien sobre el fundamento de Cristo. Y se volverá idóneo para las recompensas del cielo que Él prometió para todos los que vencieren.

Cuando su vida está en las manos de Jesucristo, la muerte

no debe ser temida. Él tiene las llaves de la muerte en sus manos. Para el cazador del miedo, la muerte se convierte simplemente en una puerta para entrar a la presencia de Dios, recibir su eterna recompensa, y vivir con Él eternamente y para siempre. Usted puede vencer todo temor que lo ha atormentado cuando se rinde a su señorío.

Si desea experimentar la gloriosa libertad del temor a la eternidad, le animo a que ore conmigo. Cuando lo haga, puede tener la expectativa de vivir una vida completamente libre del temor:

> *Amado Señor Jesús: acepto tu perdón por mis pecados por medio de la sangre de Cristo. Y te doy mi vida para tus propósitos. Me decido a vivir como un cazador del miedo para establecer el Reino de Dios en mi vida, en mi familia, en la iglesia y en el mundo. Gracias por darme la promesa de la recompensa eterna y por liberarme del temor a la eternidad. Por tu gracia, sé que mi nombre es escrito en el Libro de la Vida y que recibiré la piedra blanca del vencedor. Permíteme vivir con expectativa por mi hogar eterno en el cielo contigo.*

Sin miedo a la eternidad

No se turbe vuestro corazón; creéis en Dios, creed también en mí. En la casa de mi Padre muchas moradas hay… voy, pues a preparar lugar para vosotros… vendré otra vez y os tomaré a mí mismo, para que donde yo estoy vosotros también estéis.

—Juan 14:1-3

Bendito el Dios y Padre de nuestro Señor Jesucristo, que según su grande misericordia nos hizo renacer para una esperanza viva, por la resurrección de Jesucristo de los muertos.

—1 Pedro 1:3

…para destruir por medio de la muerte al que tenía el imperio de la muerte, esto es, al diablo; y librar a todos los que por el temor de la muerte estaban durante toda su vida sujetos a servidumbre.

—Hebreos 2:14-15

Pero confiamos, y más quisiéramos estar ausentes del cuerpo, y presentes al Señor.

—2 Corintios 5:8

El que vivo, y estuve muerto; mas he aquí que yo vivo por los siglos de los siglos, amén. Y tengo las llaves de la muerte y del Hades.

—Apocalipsis 1:18

Mis cazadores del miedo personales

_____

_____

_____

_____

_____

_____

_____

_____

_____

_____

_____

_____

_____

_____

_____

_____

_____

_____

Mi estrategia de cazador del miedo

Ahora que ha terminado de leer este libro, describa su plan de acción para luchar contra el temor a diario desde ahora en adelante.

_____

_____

_____

_____

_____

_____

_____

_____

_____

_____

_____

_____

_____

_____

_____

_____

_____

NOTAS

Capítulo 1
Hacer frente a sus miedos

1. Autor desconocido, "Risk," SermonIllustrations.com, http://www.sermonillustrations.com/a-z/r/risk.htm (consulta en línea 7 de agosto, 2009).

Capítulo 2
Mucho ruido y pocas nueces

1. Harvey Mackay, "Worrying Makes You Cross the Bridge Before You Come to It," HarveyMackay.com, http://www.harveymackay.com/columns/best/13.cfm (consulta en línea 10 de agosto, 2009).

2. Melinda Beck, "When Fretting Is in Your DNA: Overcoming the Worry Gene," *Wall Street Journal*, January 15, 2008, http://online.wsj.com/public/article/SB120035992325490045-S7NNT9QSkUAcrtk71eF9iSTcapk_20090114.html?mod=rss_free (consulta en línea 10 de agosto, 2009).

3. William Ralph Inge, "Famous Quotes and Authors," http://www.famousquotesandauthors.com/topics/worry_quotes.html (consulta en línea 10 de agosto, 2009).

4. Deepak Chopra, "The Six Most Feared but Least Likely Causes of Death, (Las seis causas de muerte más temidas pero menos probables) SixWise.com, http://www.sixwise.com/newsletters/05/07/13/the_six_most_feared_but_least_likely_causes_of_death.htm (consulta en línea 13 de mayo, 2009).

5. Norman J. Lund, "Why Study Shakespeare?," (¿Por qué estudiar a Shakespeare?) http://www.oxfordtutorials.com/why_study_shakespeare.htm (consulta en línea 10 de agosto, 2009).

6. David M. Newman, *Sociology* (Thousand Oaks, CA: Pine Forge Press, 2008), 20.

7. Ibíd.

8. Ibíd.

9. The Quotations Page, "Dorothy Bernard Quotes," http://www.quotationspage.com/quote/29699.html (consulta en línea 10 de agosto, 2009).

10. FutureHealth.org, "Courage Quotations," http://www .futurehealth.org/populum/pagesimple.php?f=Courage-Quotations -132 (consulta en línea 10 de agosto, 2009).

CAPÍTULO 6
EL MIEDO A QUE FALTE LO NECESARIO

1. Amarnath Tewary, "India's Poor Urged to 'Eat Rats,'" BBCNews .com, http://news.bbc.co.uk/2/hi/south_asia/7557107.stm (consulta en línea 12 de agosto, 2009).

CAPÍTULO 7
CAZAR EL MIEDO A FRACASAR

1. Child Development Institute, "Helping Your Child Deal With Fears and Phobias," (Ayudar a su hijo a lidiar con los temores y las fobias). http://www.childdevelopmentinfo.com/disorders/fears.htm (consulta en línea 13 de agosto, 2009).

2. John Cook, Steve Deger, and Leslie Ann Gibson, *The Book of Positive Quotations*, (Minneapolis, MN: Fairview Press, 2007), 482.

3. BrainyQuote.com, "Thomas A. Edison Quotes," http://www .brainyquote.com/quotes/quotes/t/thomasaed132683.html (consulta en línea 13 de agosto, 2009).

4. Jacques Pepin, "The Time 100: Ray Kroc," http://www.time .com/time/time100/builder/profile/kroc.html (consulta en línea 13 de agosto, 2009).

5. Abraham Lincoln, http://showcase.netins.net/web/creative/ Lincoln/education/failures.htm (consulta en línea 9 de julio, 2009).

6. Albert Einstein, http://www.reformation.org/einstein-unmasked .html (consulta en línea 9 de julio, 2009).

7. Sir Roger Bannister, *Answers.com*, en http://www.answers.com/ topic/roger-bannister, (consulta en línea 9 de julio, 2009).

8. Anonymous, *Great-Quotes.com*, en http://www.great-quotes .com/cgi-bin/viewquotes.cgi?action=search&Category=Failure, (consulta en línea 2 de mayo, 2009).

9. Biography of Nathaniel Hawthorne, *GradeSaver*, en http://www .gradesaver.com/author/hawthorne/, (consulta en línea 9 de julio, 2009).

10. El efecto Mariposa es atribuido a Edward Lorenz, y se refiere a

los cálculos científicos que demuestran los fuertes efectos del mínimo cambio en las ondas aéreas producido por el aleteo de las alas de una delicada mariposa. Para más información ver "Butterfly Effect," *Answers.com* (en inglés), en http://www.answers.com/topic/butterfly -effect-2, (consulta en línea 5 de mayo, 2009).

11. Ibíd.

12. Sir Winston Churchill, citado en: John Cook, Steve Deger, Leslie Ann Gibson, *The Book of Positive Quotations* (Minneapolis, MN: Fairview Press, 2nd edition, 2007), 486.

13. "Lion" (León) *Encarta Encyclopedia*, en http://encarta.msn .com/encyclopedia_761566718/Lion.html, (consulta en línea 7 de mayo, 2009).

CAPÍTULO 8
SUPERAR EL MIEDO A LA GENTE

1. Adaptado de "Who's Your Daddy?" (¿Quién es su Padre?), hallado en la internet en http://www.mrwebauthor.com/ mrmrswebauthor/forum/15.html on 7/17/09. Copyright © MrWebAuthor.com 2002-2006. Copyright © MrsWebAuthor.com 2005-2006. Copyright © LongLiveTechTV.com 2004-2006. All Rights Reserved. Wagoner, Oklahoma. U.S.A.

CAPÍTULO 9
SIN MIEDO A LA ETERNIDAD

1. "Anxiety and Fear" (Ansiedad y temor), *Encyclopedia of Death and Dying*, en http://www.deathreference.com/A-Bi/Anxiety-and -Fear.html, (consulta en línea 13 de mayo, 2009).

2. Deepak Chopra, MD, "The Six Most-Feared But Least Likely Causes of Death," (Las seis causas de muerte más temidas pero menos probables) *SixWise.com*, en http://www.sixwise.com/ newsletters/05/07/13/the_six_most_feared_but_least_likely_causes_ of_death.htm, (consulta en línea 13 de mayo, 2009).

3. Sam Storms, "The Letter to the Church at Pergamum" (La carta a la iglesia de Pérgamo) *Enjoying God Ministries*, en http:// www.enjoyinggodministries.com/article/the-letter-to-the-church-at -pergamum-212-17/ , (consulta en línea 29 de julio, 2009).